# مسلمو أوروبا

## إعادة إنتاج "المسألة اليهودية"

بقلم / ممدوح الشيخ

الكتاب: مسلمو أوروبا: إعادة إنتاج "المسألة اليهودية"

المؤلف: ممدوح الشيخ

## العرب والغربيون واليهود

## من الأندلس إلى أنابوليس

عندما انعقدت مفاوضات أنابوليس تذكر كثيرون مشهداً مماثلاً في مدريد 1992 غير أنه ذكرني بمشاهد كثيرة تمتد زماناً ومكاناً من الأندلس إلى أوشفتس، فلقرون متعاقبة ارتبط العرب والغربيون واليهود بعلاقة جدل ثلاثية كانت لها مفارقاتها المثيرة. فرغم أن العالم العربي كان مهبط الديانتين اليهودية والمسيحية إلا أنهما تحولتا ليصبح تمركزهما بصفة رئيسة خارج مهدهما التاريخي بوصفهما علامتين مميزتين للوجدان الغربي بعد رحلة طويلة من التقلبات.

وحتى عصر النهضة الغربي الذي يؤرخ لبواكيره بالقرن الخامس عشر الميلادي كان اليهود والعرب توأمين في الوجدان الغربي، حيث كان كلاهما رمزا للآخر . العدو، وهناك من الأدبيات التي تصور ذلك الكثير لعل أكثرها إثارة للدهشة لوحات لتعذيب المسيح تصور الرسول صلى الله عليه وسلم وهو يجلد المسيح بالسوط!!

وقد تراكمت الخبرات السلبية في الوجدان الغربي دون أن تخضع لأي نوع من التمحيص، فخلال الحملات الصليبية كان الصليبيون وهم في طريقهم لبيت المقدس يذيقون الجماعات اليهودية ويلات لا تقل عما ذاقه المسلمون، وفي بيت المقدس جمع الصليبيون كل اليهود في كنيس لهم وأضرمت فيهم النار. وحتى سقوط الأندلس كان القسم الأكبر من أعضاء الجماعات اليهودية في العالم يعيشون بين المسلمين متمتعين بحرية قد لا يكون لها نظير في التاريخ.

وحتى الهولوكوست مرت علاقة الغربيين باليهود بتقلبات بعضها دموي فكان أعضاء الجماعات اليهودية يطردون من الدول الغربية ويتعرضون للاضطهاد المتفاوت وصولاً لكارثة الهولوكوست، وبعد أن

انقطعت صلة النسبة الأكبر منهم بالثقافة العربية الإسلامية أصبحوا في حالة مضطربة لا هم غربيون تماما ولا شرقيون خلص.

وقد لعب ظهور الدولة القومية في الغرب عقب صلح وستفاليا (1648) دوراً كبيراً في تكريس صورة اليهود كـ "**غرباء**" غير مرغوب فيهم بين أمم تشعر باعتزاز شديد بانتمائها القومي وتنفر ممن يختلف عن أبنائها دينا أو لغة أو ثقافة.

ولعب الإصلاح الديني البروتستنتي دوراً مثيراً إذ تحولت صورة أعضاء الجماعات اليهودية في الوجدان الغربي من: "**المدنس المنبوذ**" إلى "**المقدس المنبوذ**".!

فهم مدنسون منبوذون لأنهم رفضوا المسيح ثم قتلوه (حسب التصور المسيحي) وهم مقدسون لأن لهم حسب التفسير البروتستنتي للإنجيل دوراً مركزياً في مشهد نهاية التاريخ حيث يعد تجمعهم في "**أورشليم**" شرطاً لعودة المسيح الثانية.

وكان اكتشاف ما سمي "**العالم الجديد**" تحولاً تاريخياً كبيراً، إذ غيرت الجغرافيا الجديدة معطيات كثيرة، فأصبحت بريطانيا البروتستنتية في

قلب منظومة الطرق للعالم الجديد بعد أن كانت معزولة عن اليابس الأوروبي قابعة في طرف العالم المعروف آنذاك.

وبفوز البروتستنت الذين كانوا مضطهدين في أوروبا بنصيب الأسد من العالم الجديد تحالف ضحايا الاضطهاد القدامى والمحدثين ليضطهدوا أبناء حضارتنا وهي الحضارة الوحيدة التي نعم اليهود في ظلها بالحرية والمساواة الحقيقية!

وقد جاءت محطة الهولوكوست لتكون المحطة الأكثر إثارة في سياق مفارقات العلاقة، ففي عام 1943 عقدت سرا قمة أميركية سعودية بين الملك عبدالعزيز بن سعود والرئيس الأميركي روزفلت وكانت ترتيبات ما بعد الحرب العالمية أهم ما دار النقاش حوله فتحدث روزفلت عن ما أسماه **"مأساة اليهود"** تحت حكم النازي ورغبة الدول الغربية في إنشاء **"وطن قومي"** لهم في فلسطين، فكان رد الملك عبدالعزيز أن من اضطهد اليهود هو من يجب أن يعوضهم وبالتالي يمكنكم معاقبة الألمان بإنشاء الوطن القومي لليهود في ألمانيا!!

لكن الغربيين واليهود معا قرروا أن يكون التعويض على حساب أمة لم ترتكب يوما جريمة اضطهاد اليهود!!

ولم تقتصر مفارقات الهولوكوست على ذلك فبينما نجح الصهاينة في تكريس أكذوبة أن مأساة الهولوكوست تبرر جريمة اغتصاب فلسطين مدعين أنها جريمة ارتكبت ضد اليهود وحدهم محتكرين دور الضحية ليظل مبررا لاغتصاب أرض فلسطين. ومن أهم مفارقات الهولوكوست، مفارقة عبرت حاجز التأويل إلى الحقيقة، حيث كشف النقاب مؤخراً في ألمانيا عن أن العرب المسلمين كانوا ضمن ضحايا المحرقة النازية حقيقة لا مجازاً، صحيح أنهم كانوا في وعي الجلاد ووجدانه رمزاً للآخر إلا أنهم كانوا فعليا ضمن ضحايا هذه الآلة الرهيبة.

في معسكر الاعتقال زاكسن هاوزن قرب برلين يجري "**مركز دراسات الشرق المعاصر**" أبحاثاً جديدة حول علاقة العرب والألمان في التاريخ المعاصر يقوم بها البروفيسور غرهارد هوب صاحب المؤلفات المعروفة عن تاريخ الوجود العربي في ألمانيا في عشرينات وثلاثينات وأربعينات القرن الماضي. ومن خلال هذه الأبحاث تطل للمرة الأولى وجوه عربية بين ضحايا الهولوكوست.

والضحايا جاءوا من المغرب والجزائر وتونس ومصر والعراق ولبنان وفلسطين وسورياواعتُقلوا كغيرهم كأسرى حرب أو لأسباب سياسية أو

عنصرية أو لتشغيلهم للسخرة في تصنيع آلة الحرب النازية، ومات كثير منهم قتلاً أو مرضاً في معسكرات أوشفيتس وبوخن فالد ودخاو وبرجن بلزن وماوت هاوزن وزاكسن هاوزن وغيرها، ثم ماتوا ثانية عندما غيبتهم كتب التاريخ.

في معسكر زاكسن هاوزن وبين السطور المكتوبة بالألمانية والفرنسية إحياء لذكرى الضحايا تختفي مصائر 37 عربياً وقد أدت الأبحاث التاريخية الجديدة إلى تحديد أسماء أكثر من 1130 مسلما ضمتهم قائمة واحدة أعدموا بأمر هيملر وزير داخلية النازي. وقد اختار البروفيسور جيرهارد هوب لنتائج دراسته التي استمرت ثلاثة أعوام عنوانا موحيا هو "**مخاطر التذكر**"!

وبسبب علاقة الجدل بين احتكار الهولوكوست وبين اغتصاب الجغرافيا، ولأهمية الصورة المزورة التي ترسمها الصهيونية للهولوكوست يخوض الصهاينة معارك هدفها الرئيس احتكار دور الضحية، ففي عام 1992 قام دبلوماسي إسرائيلي بزيارة معسكر الاعتقال ميتل باو دوراً ورأى لوحة تذكر الدول العربية ضمن أخرى فيما يتعلق بوطن الضحايا فما كان منه إلا أن طالب بإزالتها.

وبطبيعة الحال ليست المشكلة كم نسبة العرب والمسلمين بين الضحايا؟ إذ يعنينا في المقام الأول كسر الاحتكار الصهيوني لدور الضحية ووقف عمليات الابتزاز السياسي والاقتصادي المتواصلة منذ أكثر من نصف قرن.

والحقيقة التي كشفت عنها الأبحاث واحدة من مفارقات هذه العلاقة الثلاثية: العرب. الغربيون. اليهود. وتحولاتها المثيرة.

وهذا الكتاب محاولة لقراءة وضع مسلمي أوروبا من منظور التجربة التاريخية للجماعات اليهودية في أوروبا.

ممدوح الشيخ

## معركة الحجاب من ألمانيا إلى فرنسا

لعل السؤال البدهي الذي لا يطرحه أحد في السجال الدائر في الغرب حول ما يسمى: "**معركة الحجاب**" هو: "**لماذا يصبح الحجاب في أوروبا** "معركة"؟!

الرئيس الفرنسي السابق جاك شيراك صدر عنه (5 ديسمبر 2003 ) تصريح خطير أثناء زيارته لدولة مسلمة هي تونس التي كانت في عهد زين العابدين بن علي — وقبله الحبيب بورقيبة — العضو النشط في "**تحالف أعداء الحجاب**"، وهو ما يضفي على تصريحه هذا أهمية خاصة ، وحسب شيراك فإن الحكومة الفرنسية ذات النظام العلماني الصارم لا يمكنها أن تدع التلميذات يرتدين ما وصفه بأنه: "**علامات**

متباهية للهداية الدينية"، وقال: "في مدارسنا العامة . . الحجاب به شيء عدواني يمثل مشكلة من حيث المبدأ حتى إذا ارتدته أقلية صغيرة". وزادت تصريحات شيراك القلق العام بشأن ما يعتبره الفرنسيون مشكلات مثل: الإسلام وحقوق المرأة وهجرة المسلمين.

فعلى سبيل المثال أصدرت أكثر من 60 فرنسية بارزة منهن مناشدة تحث على فرض حظر على "هذا الرمز المرئي لخضوع المرأة". ويقول منتقدو هذا الاتجاه إن حظر قطعة قماش يتجاهل السبب الجذري للمشكلة وهو الفشل في دمج خمسة ملايين مسلم بفرنسا. والمشكلة ليست الحجاب، كما أنها ليست فرنسية بل غربية عامة، وليست قانونية بل مشكلة حضارية عامة تشبه من وجوه عديدة ما عرف في التاريخ الغربي بـ "المشكلة اليهودية" فهي من زاوية المشابهة إعادة إنتاج للمشكلة اليهودية.

## البداية من ألمانيا

وقد كانت بداية طرح قضية الحجاب في ألمانيا قبل أن تمتد ردود الفعل إلى فرنسا، وقد استمدت القضية أهميتها في الإعلام الألماني من

ميراث ثقافي متجذر إلى حد بعيد وإلحاح إعلامي مزمن على العداء للإسلام نفسه. وتصوير الإسلام كعدو ليس جديداً فله جذور تاريخية بعيدة ترجع إلى الحروب الصليبية. ولكي نتبين المشابهة بين هذا الموقف وموجات العداء الغربي لليهود التي امتدت لأكثر من قرنين وأفرزت في النهاية المشروع الصهيوني ننقل عبارة شديدة الدلالة للباحثة الألمانية المعروفة يوخين هيبلر تقول: "**ومن المعروف، وليس من قبيل الصدفة، أن تلك العصبية كانت وراء اضطهاد اليهود**".[1]

ولم تكن قضية الحجاب في ألمانيا أبداً قضية قانونية دفع للاهتمام بها الحرص على النظام العام بل بدأت وما زالت قضية ثقافية وحضارية خطيرة يحاول الإعلام الألماني تحريف صورتها وتجاهل خلفياتها الحقيقية التي تشير لمأزق عميق يواجهه الغرب في علاقته بالآخر وهو مأزق مزمن. فالصورة التي يرسمها الإعلام الألماني صورة ثقافة عقلانية تنويرية تتعرض

---

**[1] الإسلام العدو بين الحقيقة والوهم – مجموعة كتاب – تحرير: يوخين هيبلر وأندريا لويج – ترجمة: أيمن شرف – الناشر: الفرسان للنشر والتوزيع – مصر – 1994 – ص 16 – من التمهيد – بقلم: يوخين هيبلر.**

لتهديد خطير من "**بربرية الإسلام ولا عقلانيته**" وبالتالي فمحاولات حصاره ونفيه تصبح "**مشروعة**".

وتطرح في الإعلام الألماني أسئلة من نوع: هل نتعرض فعلا لخطر حرب مقدسة من قبل المسلمين المتعطشين للانتقام؟ وفي دراستها القيمة: "**العداء للإسلام في الرأي العام الغربي**" تحاول الباحثة الألمانية أندريا لويج الخروج من شرنقة الخطاب السائد، فتقول: "**لقد استعرض الغرب مؤخراً تفوقه العسكري المروع على بلد إسلامي جيد التسليح ذي خبرة بالحرب هو العراق، فمن أين يأتي التهديد الإسلامي إذن؟ أمن جانب نفسي، أم من الدين، أم من الثقافة؟ الواقع أن الرموز الإسلامية تثير فينا القلق، كما توضح حالة التلميذات المحجبات في فرنسا اللواتي فُصِلن من المدرسة بسبب ارتدائهن الحجاب ورفضن خلعه أثناء فترة الدراسة، وأعلن مدير المدرسة أن ارتداءهن الحجاب بانتظام وبإصرار يحمل سمة "التحدي والعدوانية"..... وبعد نزاع**

**طويل قررت المحكمة الإدارية العليا في فرنسا حق الفتيات الثلاث في ارتداء حجابهن أثناء الدراسة"**[2].

ولعل من المهم أن نسجل أن هذه الحالة التي ضخمها الإعلام الغربي كما هو معهود تعود للعام 1992، وهو ما تعبر عنه لويج بقولها: **"إن مصطلحات مثل: "الحريم" و"الحجاب " و"الخادمة التركية المحجبة" هي الكليشيهات التي تعنى بها وسائل الإعلام عناية خاصة . . . . ولنا أن نلاحظ كيف تحولت "قضية حجاب التلميذات" إلى: "حرب التشادور" في وسائل الإعلام الفرنسية"**.[3]

---

[2] العداء للإسلام في الرأي العام الغربي – بقلم: أندريا لويج – ضمن كتاب: الإسلام العدو بين الحقيقة والوهم –مجموعة كتاب – تحرير : يوخين هيبلر وأندريا لويج – ترجمة: أيمن شرف – الناشر: الفرسان للنشر والتوزيع – مصر – **1994** – ص **26** – **27**.

[3] " العداء للإسلام في الرأي العام الغربي " – بقلم : أندريا لويج ، نقلا عن هانزهاجن بريمر – في المدرسة بالحجاب – فرانكفورتر روند شاو – **7 / 12 / 1992** – ضمن كتاب: الإسلام العدو بين الحقيقة والوهم – مجموعة كتاب – تحرير: يوخين هيبلر وأندريا لويج – ترجمة: أيمن شرف – الناشر: الفرسان للنشر والتوزيع – مصر – **1994** – ص **43**

وتورد لويج معلومة تشير بوضوح إلى مركزية الصورة السلبية للمرأة المسلمة في التصور المعادي للإسلام، ولكن المعلومة نفسها تشير إلى الفرق بين الموقف من الإسلام في أوروبا والولايات المتحدة الأمريكية، وهو ما سنتوقف عنده في موضع قادم من هذه الدراسة، تقول أندريا لويج مشيرة إلى كتاب أصبح ضمن أشهر أدبيات العداء للإسلام في ألمانيا: "**فتح كتاب "بيتي محمودي" (لكن لا تأخذ ابنتي) الذي وزع في ألمانيا عشرة أمثال توزيعه في الولايات المتحدة الأمريكية (لاحظ أن سكان الولايات المتحدة الأمريكية لا يقلون عن ثلاثة أضعاف سكان ألمانيا) الباب أمام سلسلة طويلة من الإصدارات التي تناقش حياة المرأة في الدول الإسلامية أو حياة اللواتي يتزوجن من مسلمين. وكلما كان موضوع الكتاب دراميا ووحشيا كلما كان أوسع انتشارا**"[4].

---

[4] **العداء للإسلام في الرأي العام الغربي – بقلم: أندريا لويج – ضمن كتاب: الإسلام العدو بين الحقيقة والوهم – مجموعة كتاب – تحرير : يوخين هيبلر وأندريا لويج – ترجمة: أيمن شرف – الناشر: الفرسان للنشر والتوزيع – مصر – 1994 – ص 45.**

## الدولة والقانون والضمير والحرية

في تعليق له على أزمة الحجاب في فرنسا أبدى رئيس مجلس أساقفة فرنسا المونسنيور جان بيار ريكار وأبدى قلقه من جراء "**تقَدُّم الدعوة إلى إصدار قانون في هذا الشأن، على تربية الضمائر وعلى نهج تربوي طويل المدى**". ولكي ندرك السياق الصحيح الذي ينبغي أن توضع فيه أزمة الحجاب في ألمانيا نذكر بأن الإصلاح البروتستنتي الذي قضى على حكم الكنيسة في ألمانيا، وقضى معه على سيادة المذهب الكاثوليكي، كان هدفه الأول منح الضمير الشخصي مكانة أكثر مركزية من تعليمات الإكليروس الكنسي، فإذا بقضية الحجاب تعيد ترسيم

إكليروس جديد علماني يمارس وصايته على الإنسان ليمنع مسلمة من ارتداء غطاء رأس!

وإذا كانت تصريحات الرئيس الفرنسي السابق جاك شيراك أثناء لتونس في 5 ديسمبر 2003 قد أثارت ردود فعل واسعة، فإن خطابه في 17 ديسمبر 2003 قد أطلق رصاصة البداية في معركة بين الدولة الفرنسية و"**الحجاب**". وحسب الأكاديمي التونسي المعروف الدكتور محمد أحمد الخضراوي في مقال مهم نشره في جريدة القدس العربي اللندنية عنوانه: "**اللائكية والعنصرية.. والحجاب: بروتوكولات حكماء العلمانية**" (3/ 2/ 2004)، فإن خطاب شيراك المشار إليه إعلان عن إسقاط رهان الليبرالية المطروح كشعار علماني محايد... وصار يقتحم الحريات الخاصة، ويتعقب السلوكيات الفردية. ولم يكن لخطاب الرئيس الفرنسي مدلولٌ حضاريٌّ، أو قيمة إنسانية يدافع عنها. بل كان سياقاً تصنيفياً موجهاً، يحرض علي التمييز الاجتماعي والتفرقة العنصرية بين أبناء المجموعة الوطنية الواحدة أو بينها وبين المهاجرين.

ويضيف الخضراوي أن شيراك كشف "**البعد الحقيقي للعلمانية، وفضـح منهجهـا الاقصـائي الـذي يلغـي وجـود المعتقـدات الدينيـة،**

فأوقف بذلك الضجيج السائد حول الفكر البدائلي الذي كانت تجسده الأحلام العلمانية في زمان سقوط الأيديولوجيات وهي بهذا الشكل التوتاليتاري المذكور. فقد طوق العقل العربي داخل جغرافيا المصطلح بشكل شمولي".

وشيراك "قرأ فيزيولوجيا المفردة (إذا ما كانت عينها مفتوحة أم مكسورة). وبحث في إيتيمولوجيا العبارة (هل هي من العلم بالمعني الموضوعي، أم أنها معتقد ينافس كل معتقد). وفحص أيديولوجيا الدلالة (إذا كانت مواقفية ترتطم بالدين، أم أنها مشروع ليبرالي ينتظم كل دين) وقد غاب عن هذه التحريات والتحقيقات النظرية الإشكال الحيوي الذي تثيره المسألة العلمانية في العالم العربي من حيث علاقتها الإلتباسية بالحقوق الاجتماعية وبالمعتقدات وبالمؤسسات".

ويرى الخضراوي أن العلمانية الفرنسية كما بدت ملامحها من خطاب شيراك: "من الأنساق الكبرى التي لا تقف علي أرضية حيادية ومواقف موضوعية تبرئها من الانحياز والانزياح الأيديولوجي. فالعلمانية المفترعة عن الأيديولوجيات اليسارية المنقرضة تظل حليفة دائمة للأنظمة القائمة تدفعها إلي ذلك عقلية انتفاعية خالصة. من

أجـل هـذا لا تجيـب عـن القضـايا المستعصية فـي الـبلاد العربيـة، والاسـتفهامات الملحـة التـي تفجـر نفسـها لتكشـف التنـاقض بيـن الشـعار، والأداء، والخطابـات الديماغوجيـة: هـل أن الحريـة الدينيـة المباحـة والمفروضـة تتماثـل مـع الحريـة السياسـية المفترضـة؟ أم أن الليبراليـة السياسـية تبقـي مـن التابوهـات والممنوعـات الأبديـة؟ وهـل يكون البرنامج السياسـي ممارسة ديمقراطية واقعيـة تظل محايدة بازاء الاختبـارات الوطنيـة ولـو ناهضـت السياسـات العلمانيـة القائمـة؟ أم أن البرنامج العلمـاني مجرد خفير وحارس لنظـام دوغمائي منقفل يتمنـي المصادرة والهيمنة علي الزمان والمكان والإنسان؟ واللافت أن السـيد شيراك افتقد منطقه منطقية هذا السؤال".

فمنـع الحجـاب باعتبـاره رمـزاً دون أن يشـمل ذلـك "الرمـوز الفلسفية (الإلحاد مثلا). والرموز السياسية (النازية والصهيونية) التي تعربد في المعاهد والجامعات والنقابات والإعلام. في حين أن قوانين عـام 1936، نظـرا إلى العنف الذي سـاد المؤسسـات التعليمية بيـن اليمين واليسار، منعت إبداء كل رمز سياسي".

ويمكن القول – والكلام ما زال للدكتور الخضراوي – أن العلمانية الفرنسية تعاني راهناً – كما تكشف أزمة الحجاب – مشكلات أهمها:

## أولاً:

يستحوذ الالتباس على القرار الفرنسي (بمنع الحجاب) من جهة الترابط العضوي القائم بين العلمانية والمركزية الغربية باعتبارها مملكة الاستعمار، وورشة لصناعة الانحراف الأيديولوجي، وبؤرة تاريخية للقطيعة مع الآخر الدوني. فالعقل الأوروبي الأنواري الحديث، لم يتوقف منذ هيغل (المتوفي 1831) على تفخيم شأن الحضارة الغربية، وإقصاء ما سواها.

فالغرب "وحده هو النموذج الوحيد للحضارة الكونية ابتداء من اليونان، ثم الرومان، وانتهاء بالثورة الفرنسية، فألمانيا الجرمانية. غير أن هذا الوجه الحضاري الفريد، لم يتأخر عن تفجير غاياته الصراعية وحقيقته المتوحشة، وممارسته العاب الارتقاء اللاطبيعي والانتقاء العسكري. فالنازية مثلا صناعة ألمانية محلية كان هدفها التصفية العرقية العالمية". و"الفاشية التي مارسها فرانكو وموسيليني، والإقطاعية القيصرية، هي بدورها منتجات أوروبية صرف. وكذلك الاستشراق والاستعمار، وقهر الشعوب المستضعفة، كانت كلها

إفرازات الحضارة الأوروبية المحكومة بآليات الصراع التاريخي والثقافي".

"أما الصورة الاستعمارية للعلمانية، فتبدو بشكل متوحش قاتم مع الشيوعية. فقد كانت ثورة 1917 علمانية خالصة، جعلت منها (العلمانية) منهجاً يقينياً قطعياً، لا يتحصن إلا باستئصال الآخر. فتمركز في العالم بالقهر العسكري، والإبادة، والقتل بالتفصيل وبالجملة. وكذلك فرنسا حين اختارت العلمانية بطريقة دستورية شرعية عام 1905، كانت أطاحت بشعارات الجمهورية الثلاثة وهي الحرية والاخوة والمساواة، بازاء شعوب الهامش التي عسكرتها وراحت تمارس عليها بشاعتها الاستعمارية بشتي وسائل القمع حتي نعتت الجزائر ببلد المليون شهيد هم قتلي الجيش العلماني.......

إن منظومة المركزية الغربية والنزعة الأوروبية هي الفلسفة الأولي وعلة العلل علي مستوي السياسة والفكر والاقتصاد. وتأتي من بعد ذلك شعارات التسويق، ودبلوماسية المراوغة. ومن ثم (بفتح الثاء)، الأدوار الذرائعية، والخطابات الديماغوجية التي يروج لها باعتبارها أفيون

الشعوب العالمثاليـة المتخلفـة، والمهووسـة بـالمواقف الاتباعيـة المطلقة".

ثانياً:

"يتمـايز النظـام العلمـاني الفرنسي المنبجس مـن النزعـة الأوروبية، بكونه خطاباً براغماتياً استفرغ في ذاته كل دلائل المواربة والمخاتلـة فـي مختلـف مفاصله المنهجيـة. أي أنه خطـاب تحكمـه الأولويات والمصالح السياسية. لذلك مـا كان يقيم للقيم والمبادئ والقوانين وزناً......وفي قانون 9 ديسمبر 1905 الذي يفصل بـين السـلطة والكنـائس المسـيحية، يـذكر المشـرع فـي البنـدين الأول والثاني، أن الجمهورية حيادية: تعترف بحرية الممارسات الدينية دون اعتراف رسمي منها بأي من الديانات والمعتقدات التي تمارس علي أرضها (ودون دعـم منهـا أيضاً). غيـر أنهـا أحدثت الاستثناء بـدافع مصلحي. فإذا البرلمـان الفرنسي الـذي تسـيطر عليـه غالبيـة يمينيـة، يتبنى عام 1920 قراراً ببناء جامع باريس، ويصوت عليه إيجاباً. وقد اعتبر هذا الأمر وقتذاك ملائماً للمبادئ والقيم العلمانية، باعتبار هذا المشروع اعترافـاً بالجميل لأولئك الـذين أراقوا دمـاءهم في سـبيل

الجمهورية، وماتوا من أجل علم فرنسا في الحرب العالمية الأولي حسب هذا الزعم".

ومن الحقائق الصادمة التي يسلط الخضراوي الضوء عليها أن الحكومة الفرنسية (المعروفة بفيشي) عام 1941 حتمت "التفرقة الدينية بين مواطنيها المسيحيين واليهود الذين صنفتهم بطريقة سلبية علي أساس عقيدتهم، فميـزتهم مدنياً علي مستوي الوثائق، واجتماعياً بِحـمَل نجمة داود بصفة مرئية، كشكلٍ من أشكال القمع النازي باعتبار (النجمة) اليهودية شارة إذلال وامتهان".

ويكمل الخضراوي: "وبعد أقل من قرن (17 ديسمبر 2003) تعاود الجمهورية ترتيب أوراقها، وتأتي الحكومة اليمينية (لتحرم الحلال وتحل الحرام)، فبعد أن تدخلت رسمياً، وتبنت مسألة بناء مسجد باريس إكراما للمحاربين العرب، وسمحت (بالتضمين) لنساء المحاربين بارتداء الحجاب الذي كانت الشمال إفريقيات تضعنه في صورة لباس تقليدي، إذا بها ترتد علي أعقابها وتتحفز لاستصدار قانون من أجل منع ارتداء الحجاب، بعد أن انتهت المهمة العسكرية للشمال أفريقيين الذين صاروا يعيشون علي هامش الحياة الباريسية.

وهكذا تم الأمر مقلوباً بالنسبة إلى اليهود. فبعد أن كانوا يؤمرون بعنف القانون بحمل نجمة داود بغرض تحقيري، يطلع علينا مشرع القانون اليمني الجديد بالحظر علي كل يهودي يتحرك علي أرض فرنسا، أن يحمل نجمة داود... ... ..إن هذا التناقض في المبدأ والقول والسلوك يستهدف المجموعة العربية في وجودها الاجتماعي بصفة خاصة، شكلاً ومضموناً، وجوداً وحضوراً وحضارة ويستهدف غيرها بشكل تمويهي لأن الدين كامن في أعماق البنية العلمانية. فالعطل الرسمية في فرنسا خاضعة لأجندة الاحتفالات المسيحية، وجنائز رؤساء الجمهورية تتم بصفة رسمية في كنيسة نوتردام بباريس، كما حصل مع الرئيس الاشتراكي فرانسوا ميتران... ... ..ليس إذن لهذا التحامل المتمترس بالمبادرات القانونية سوي دلالة ظاهرة لا تخفي. وهي هشاشة العلمانية، وعجز المدنية الديمقراطية عن محاورة الآخر أو اختراق خصائصه الفكرية، فحل العنف الشرعي للدولة العاجزة محل العنف العسكري، وصار القصف القانوني ضارباً بدل الدبابة والمدفع والطائرة".

ويرى الناشط الحقوقي خالد شوكات (أكثر ما يهدد العلمانية تحويلها إلى عقيدة دينية – مقال – خالد شوكات – جريدة الحياة اللندنية – 14 / 1 / 2004) أنه رغم كثرة ما كتب من نقد للموقف الفرنسي من الحجاب فإن هذا النقد في معظمه كتب "من وجهة نظر دينية – إسلامية، قام بالاحتجاج مستنداً إلى نصوص وفتاوى الشريعة وآراء فقهاء ومفكري الإسلام، فيما بدا النقد العلماني شبه غائب نسبياً، على رغم أهميته".

وحسب خالد شوكات فإن: "أخطر ما تضمنته موافقة شيراك على تبني قانون يحظر ارتداء الحجاب الإسلامي في المدارس العمومية الفرنسية، برأي العديد من العلمانيين الأوروبيين، هو تحويل العلمانية إلى عقيدة دينية تحدد للمواطنين ما يجب ارتداؤه وتحرم عليهم ما لا يجب ارتداؤه، وكانت مسألة أشكال اللباس وألوانه وخصوصياته خارجة عن اختصاص الحكومات والدول، وداخلة في نطاق الحريات الشخصية والقناعات الخاصة.. ... ومن وجهة نظر عقلانية، فإن خطر لباس معين يستوي من الناحية التشريعية، مع الواجب فعله، فسن قانون يمنع ارتداء الحجاب يعني عملياً سن

قانون يفرض على الفتيات شكلاً معيناً في اللباس، وهو أمر يتعارض جوهرياً مع مبدأ الحرية الشخصية الذي جاءت به العلمانية، متناقضة في ذلك مع من كان يحكم قبلها، والذي كان يفرض على النساء ارتداء غطاء للرأس. ومن هنا خطورة أن ينتهي التأويل بالعلمانية من قاعدة لفرض الحريات الشخصية، إلى وسيلة لإلغائها, ومن رؤية تتعارض مع اجبار العقائد الدينية، إلى عقيدة دينية بشرية تجبر مواطنيها على ارتداء لباس معين والامتناع عن ارتداء لباس آخر".

ويرصد شوكات مفارقة صارخة تتكثل في أن: "**يتحول "البابا" المقدس بعد ما يزيد عن القرنين من الثورة الفرنسية، إلى كائن بشري يضمن حرية المؤمنات – المسيحيات وغيرهن – فيما يضعنه فوق رؤوسهن، فيما يتحول رئيس الجمهورية الفرنسية إلى كائن "ثيوقراطي" يجبر المواطنات على التصرف في رؤوسهن على نحو نفسيره وتأويله ورؤيته للأشياء، ويحول "العلمانية" التي جاءت لتوفير فضاء عادل ومتسامح لكل العقائد والأديان، إلى دين جديد له كهنوته ونصوصه المقدسة ومعابده ومدارسه، ويخوض اتباعه حروباً دينية ضد اتباع**

**الأديان والعقائد الأخرى، لاجبارهم على الاختيار بين الالتزام بتعاليم الدين السيد، أو العيش في ذل ومهانة".**

**"وفي حوار مع الداعية الأوروبي المسلم طارق رمضان, قال ساركوزي, وزير داخلية الرئيس شيراك، إن على مسلمي فرنسا أن يحترموا عادات وتقاليد العلمانية الفرنسية، فمثلما يضطر الفرنسيون إلى خلع أحذيتهم عند زيارتهم للمساجد، على الفتيات المسلمات أن يخلعن أغطية رؤوسهن إذا ما ولجن المدارس الفرنسية، مثبتاً بقوله هذا ان المدارس عند العلمانيين من فصيلته، ينظرون إلى المدارس العمومية على نحو نظرة المتدينين للمعابد والمسلمين للمساجد، وتلك نظرة شاذة وفهم منحرف للعلمانية لم يقل بهما قبل شيراك وساركوزي، غير ستالين وكمال أتاتورك، وكانت نهاية تجربتهما مهينة وبائسة".**

ويجمل خالد شوكات نقده – بناء على معايير العلمانية نفسها – للموقف الفرنسي الرسمي في أن: **"العلمانية كمنظومة مبادئ أساسية في الحكم، جاءت لتعزيز الحريات العامة وحقوق الإنسان، التي كانت مصادرة قبل ذلك في ظل أنظمة الحكم الثيوقراطية، كما جاءت**

للحيلولة دون ظهور "الحكام – الآلهة" الذين يزعمون بأنهم يمثلون ظل الله في الأرض، ومن دون استبداد فئات قليلة وجماعات معينة بالسلطة والثروة بحجة أنهم الأوصياء من الله على البشر والممثلون الشرعيون الوحيدون لعقيدته ودينه".

ويضيف أن: البيّن من هذا، أن العلمانية ليست ديناً أو عقيدة تتدخل في شؤون البشر الخاصة، فترسم لهم كيف يسكنون أو يأكلون أو يلبسون أو يقضون أوقات فراغهم، أو تستعلي على معتقداتهم ورؤاهم وتقاليدهم، فتحدث نفسها بالتدخل في أخص خصوصياتهم وتملي عليهم أنماط عيش معينة أو تفرض عليهم مفاهيم خاصة بالرفاهية والسعادة. ولا شك أن ثمة خلطاً لدى بعض العلمانيين والمتدينين على السواء،.....بين "العلمانية" و"اللادينية"، فالعلمانية تعني ببساطة فصل الدين عن الدولة، وتطبيقها العملي "أنسنة" السياسة، أي جعل شؤون الحكم مباراة سلمية بين ساسة بشر لا كهنوت يزعمون العصمة بنيهم، أما اللادينية فهي عقيدة دينية في حد ذاتها، لا يؤمن اتباعها بعالم ما وراء الطبيعة، أي بوجود إله واحد أو آلهة متعددة، ويعتقدون بأن الانسان نتاج الطبيعة، وله الحق

في فرض سيادته عليها، كما من حقه ان يحدد لنفسه، وفقاً لإملاءات عقله، سيرته ومعالم حركته".

ويشير خالد شوكات إلى قضية خطيرة هي أن اللادينيين تمكنوا "خصوصاً في مجتمعات أوروبا الغربية، من تطوير نمط حياة خاص، يقوم على مفهوم حسي للسعادة، وعلى منظومة من ضوابط السلوك، بينها ما يتعلق بشؤون الحياة الخاصة، كتلك المتصلة بالملبس والمأكل والترفيه والسكن والعلاقات الاجتماعية والمسألة الجنسية وغيرها. وكان من الطبيعي أن يمارس "اللادينيون" — الذين أصبحوا يشكلون في العديد من دول أوروبا الغربية الغالبية العددية — معتقداتهم الخاصة، كغيرهم من أصحاب المعتقدات الأخرى. غير أن خطورة بعضهم أصبحت تكمن في اعتقادهم أنهم الممثلون الرسميون للعلمانية في مقابل تمثيل الآخرين للحالة الدينية. وفي ذلك الزعم مغالطة كبيرة لا بد من الانتباه اليها وبيان حقيقتها للرأي العام. إن العلماني في حقيقة الأمر نوعان "متدين" و"لاديني"، وكما كانت الدولة العلمانية في الغرب نتاج حركة فلاسفة الأنوار — اللادينيين في عدد كبير منهم — فإنها كانت ايضاً نتاج الحركة المسيحية

الديموقراطيـة, التـي آمنـت بـأن مـن مصـلحة الكنيسـة الابتعـاد عـن الدولة, مثلما من مصلحة الدولة الابتعاد عن الكنيسة".(أ. هـ.)

## قراءة في الوقائع

ننتقل من التحليل للوصف معتمدين – في المقام الأول – على ما نشره الإعلام الألماني عن المشكلة حتى لا نتهم بالنقل عن مصادر منحازة، ففي البداية أدى الخلاف في أوساط المسؤولين عن التعليم في ألمانيا بخصوص السماح أو عدم السماح للمدرسات المسلمات بلبس الحجاب في المدارس إلى منع بعضهن من ممارسة هذا الحق في ولايات والسماح لأخريات في ولايات أخرى.

وقال رئيس مجلس الثقافة الألماني: "**إن الحرمان القانوني ليس الطريق لدمج أكثر من ثلاثة ملايين مسلم يعيشون في ألمانيا**". وبعد

صدور حكم المحكمة أصدر وزراء التعليم في 16 ولاية ألمانية بيانا قالوا فيه إن سبعة منهم سيمررون قوانين تمنع المدرسات المسلمات من لبس الحجاب، في حين رأى ثمانية آخرون — بينهم وزير التعليم في ولاية العاصمة برلين — انتفاء الحاجة لمثل هذا التشريع.

وأدى هذا الوضع إلى ترك ألمانيا دون سياسة موحدة بخصوص هذه القضية التي تثير جدلاً في عموم أوروبا منذ سنوات، كما أنها تثير انقسامات إزاء مسألة اندماج المواطنين المسلمين في المجتمعات الأوروبية. وبرز الخلاف في ألمانيا بعد حصول معلمة ألمانية من أصل أفغاني كانت منعت من ارتداء الحجاب عام 1998 على حق لبسه في أعقاب حكم المحكمة الدستورية الاتحادية لها بذلك بوصفه ممارسة دينية لا يمنعها الدستور.

والدستور الألماني يلزم الدولة بالحياد الصارم إزاء الشأن الديني، لكنه لم يحدد رسمياً موضوع فصل الدين عن الدولة. بيد أن تحدياً برز لاحقاً من ولاية بافاريا الكاثوليكية، حيث تسعى السلطات هناك لحق

عـرض الصـليب في قاعـة الـدرس، وهـو حـق حصـلت عليـه في العـام 1999.[5]

وحسب تحليل عنوانه: "**قضية الحجاب أمام محكمة الدستور الاتحادية**" نشره موقع القسم العربي لإذاعة الدويتشه فيلله، فإن السجال المحتدم في ألمانيا في أوساط الرأي العام وأمام المحاكم حول الحجاب تعود جذوره إلى منتصف القرن الماضي، عندما كانت الدول الأوروبية تنهض شيئاً فشيئاً من دمار الحرب العالمية الثانية وتداوي جروحها وتخطط لبناء حاضر ومستقبل جديدين. ولم يكن الكثيرون قد وضعوا في اعتبارهم حلول تطورات مستقبلية على صعيد هجرة أعداد ضخمة من أبناء شتى شعوب بلدان القارات الأخرى؛ وهي مجموعات لم تأت فقط على شكل هياكل بشرية إنما حملت معها ثقافاتها وعاداتها وتطلعاتها.

في ألمانيا مثلاً التي أنزلت فيها الحرب الكونية الثانية من الدمار ما يصعب رصد حجمه في أسطر قليلة تركز الاهتمام الأول على البناء الاقتصادي وعلى وضع دستور ديمقراطي. من أجل البناء الاقتصادي تم

---

[5] **تقرير إخباري – الجزيرة نت 10 / 10 / 2003**

جلب عمال بأعداد كبيرة من تركيا. وقدم أيضاً عدد كبير من العمال من إسبانيا ومن اليونان ومن دول أخرى.

وبالنسبة إلى العمال الذين أتوا من تركيا، فقد جلبوا دون عائلاتهم وضمن اتفاقيات عمل محددة زمنياً وكان يطلق عليهم: "**العمال الضيوف**". وطالما أن زوجات هؤلاء العمال وبناتهم لم يأتوا معهم لم يظهر عندئذ ما يسمى بقضية رداء المرأة المسلمة التقليدي والديني وما قد يسببه من مشاكل لها إن هي تقدمت إلى العمل لدى الهيئات الرسمية. ومن النقاط الهامة الأخرى أن واضعي الدستور الألماني لم يكونوا لدى التحضير له قد حسبوا حساباً على ما يبدو لما سيطرأ على الهيكلية الاجتماعية من تغيُّر، وضمن ذلك الآثار التي سيخلفها على مجرى الحياة العملية. وبما أن جمهورية ألمانيا الاتحادية دولة علمانية، فإن دستورها ينص على حق الفرد بالحرية الدينية مع تأكيد ضمان الحيادية في المؤسسات التعليمية وبحيث لا يتعرض التلاميذ إلى تأثيرات دينية مختلفة.

ويحتضن المجتمع الألماني اليوم من خلال المهاجرين الذين يعيشون بين ظهرانيه العديد من الثقافات الأخرى ومن بين هذه الثقافات ما يجد صعوبة في التعامل معها بسبب ضآلة معرفته بها. وقد شبت في هذه

الأثناء أجيال جديدة من أبناء المهاجرين الذين ينخرطون في شتى صور الحياة التعليمية والمهنية وغيرها. ومع ذلك تبقى صورة الرداء الإسلامي التقليدي تشكل في نظره نوعاً من التحدي ويتم الربط بشكل تلقائي بين المظهر وبين ما يجده دعوة إلى الدين. وهكذا تتوالى الحالات التي يتم فيها رفض مسلمة متحجبة للعمل لدى إحدى الشركات أو في المدارس.

## الحرية الدينية وحياد الدولة

حسـب رأي نائـب رئيـس محكمـة الدسـتور الاتحاديـة فينفريـد هاسيمير تتمثل عقدة القضية التي تبت بها المحكمة في السؤال عن مدى قـدرة المجتمـع الألمـاني علـى تحمـل الديانـات الغريبـة. أمـا محكمة الدستور الاتحادية فعالجت (حسب تقرير الإذاعة الألمانية) التأثير النفساني لمعلمة متحجبة على التلاميذ وفي هذا الإطار قال عالم نفس الأطفال الأستاذ بيتر ريديسر: **"إذا كانت المعلمة المحجبة ليست ذات تعصب ديني، لا يتمخض عن ممارستها التعليم آثار عاطفية وتعليمية سلبية"**، لكن المختص في علم النفس مـن مدينـة كيـل تومـاس بليسـنر فيقـول: **"من**

المحتمل أن يسبب الحجاب انعكاس صراعات خارجية على جو المدرسة". وقضاة محكمة الدستور الاتحادية التي تبت حالياً في قضية الشابة المسلمة مضطرون في هذه الحالة إلى الاستنارة في حيثيات الحكم الذي يتخذونه بقطبين أساسيين:

1 – الحق بالحرية الدينية

2 – واجب الدولة في ضمان الحياد.

وتصل أهمية القضية التي ذهب كثير من الكتاب والمثقفين العرب للتهوين من شأنها إلى حد طرح مسألة تعديل الدستور، فالخبير القانوني فينفريد هاسيمير يرى أن القرار حول الحجاب في المدارس مناسبة لجعل الدستور يتماشى مع متطلبات الوقت الحاضر بحيث يتطرق إلى ظاهرة الهجرة وتباين الثقافات، وهو الوضع الذي لم يكن موجوداً في ألمانيا أيام وضع الدستور. قاضي الدستور بيرتولد سومر يتكلم بشكل أدق قائلاً: "الأمر يتعلق بالتوصل إلى نوع من التوازن بين حقوق المعلمات والتلاميذ والأهالي وبين واجب الدولة في ضمان الحيادية".

وبعد بصدور حكم المحكمة الألمانية حدثت ردود فعل متفاوتة تنقلها جريدة القدس العربي اللندنية في تقرير لها جاء فيه: "اتخذت

**المحكمة الدستورية الألمانية، وهي أعلي سلطة قضائية في البلاد، قراراً مثيراً للجدل يسمح لكل ولاية ألمانية علي حدة بمنع المعلمات المسلمات من ارتداء الحجاب، أثناء مزاولتهن لعملهن في المدارس الحكومية، بشرط تَوفُّر أسس قانونية في الولاية المعنية. وهكذا تكون المدرسة الألمانية أفغانية الأصل فرشته لودين (30 عاماً) حققت انتصاراً جزئياً في ما يطلق عليه في ألمانيا بـ "شجار الحجاب" الذي دخل عامه الخامس، بعد أن رفضت لودين عام 1998 خلع حجابها أثناء الحصة في إحدى المدارس الحكومية في ولاية بادن فوتنبيرغ الألمانية الجنوبية مستندة في اتخاذها للقرار إلي القانون الأساسي الألماني الذي ينص علي حرية المعتقد، وعلي أنه لا يجوز أن يتضرر أحد أو يميز سلباً عن غيره بسبب عقيدته أو دينه، علي حد قول المدرسة المسلمة. وقالت المدرسة في حينها إن الحجاب لا يعتبر مظهراً من مظاهر اضطهاد المرأة، بل إن ما يحفزها علي ارتدائه هو الحفاظ علي حشمتها وحجب جاذبيتها عن الرجل".**

وجاء قرار المحكمة الأولى الذي اتخذ عام 1998 ليجبر لودين علي الانتقال إلى برلين إذ يمكنها في العاصمة الألمانية مزاولة عملها في

إحـدى المـدارس الإسـلامية دون الاضـطرار إلي خلـع حجابهـا. وفي بـرلين لجأت الأفغانيـة الـتي تحمـل الجنسية الألمانيـة منـذ عـام 1995 مجـددا إلي القضـاء، وخسـرت لـودين للمـرة الثانيـة القضـية أمـام محكمـة إداريـة في العاصـمة الألمانيـة. وعلـّل القاضـي اتخـاذه للقـرار بـأن ارتـداء الحجـاب في المدارس الحكومية يضير بمبدأ الحيادية الذي من الضروري الالتزام به أثناء ممارسـة مهنـة التـدريس في المـدارس الحكوميـة، ليعيـد بـذلك إلى الأذهـان معركة الحجاب التي بدأت عام 1998.

وقال القاضي إنه اعتمد علي قوانين أساسية، كان أهمها، القانون الـذي يملـي علـي الموظـف الحكـومي الالتـزام بـروح قـوانين الـدولـة، وبالتـالي الالتزام بالحيادية بما يخص المسائل الدينية، علي حد تعبيره. من جانبه قال المدعي العام إن المسألة تحمل في طياتها معاني سياسية مستشهداً برفض القضـاء الألمـاني عـام 1995 السـماح للمـدارس الحكوميـة في ولايـة بافاريـا الألمانيـة الجنوبيـة بتعليـق الصـليب في المـدارس. ودافعـت المدرسـة مـراراً عـن موقفها بالقول إن الحجاب تعبير عن انتمائها الشخصي الي دينها الإسلام وأنه مظهر من مظاهر ارتداء اللباس لدي النساء المسلمات وليس أكثر،

مشـيرة إلى أن إجبارهـا علـي خلعـه أثنـاء ممارسـتها لمهنتهـا هـو إهانـة لها حسب قولها.

من جانبها قابلت الصحف الألمانية قرار المحكمة بالانتقاد متهمة أعلي سلطة قضائية في البلاد بالتهرب من تحمل المسؤولية . ووصفت أسبوعية دي تسايت قرار المحكمة بأنه: "**جبان ويدعو إلى خيبة الأمل**"، كما اتهمت الصحيفة القضاة بأنهم: "**خوافون لدرجة أنهم لم يكونوا قادرين علي حل النزاع الذي دخل عامه الخامس**".

وأضافت أن ما يدعو للقلق هو حرمان المسلمة من معرفة وتوضيح حقوقها، قائلة إنه علي ما يبدو أن اتخاذ أي قرار كان بالنسبة للقضاة سيان، ففي حين نصت الفقرة الأولى لقرار المحكمة علي السماح للمدرسة بارتداء الحجاب من أجل تشجيع التسامح بين المسلمين وغير المسلمين، نصت الفقرة الثانية علي النقيض تماماً، فقد علـّل القضاة إعطاء كل ولاية ألمانية الحق في البت في المسألة علي حدة، بأن منع ارتداء الحجاب ممكن من أجل الحيلولة دون وقوع خلافات مع التلاميذ ومع أهاليهم.[6]

---

(6) **صحيفة : قضاة جبناء وخيبة أمل مرة – جريدة القدس العربي اللندنية . 25 / 9 / 2003**

وأصبحت ردود الفعل على قرار المحكمة الموضوع الرئيس في الإعلام الألماني، فأجرت مجلة "**دير شبيغل**" الواسعة الانتشار استفتاء حول الموضوع كشف أن نحو 60 في المائة من الألمان يرون أن قرار السماح بلبس الحجاب في المدارس "**خاطئ**".[7] وإذا كان استطلاع الدير شبيجل يشير إلى اتجاه عام معاد للحجاب في أوساط الرأي العام فإن هذا الاتجاه العام كان مفقودا في ردود فعل النخبة من مثقفين ومتخصصين، فمن جانبه عبر رئيس البرلمان الإتحادي "**البوندستاغ**" وولفجانج تيرزه عن خيبة أمل مريرة لامتناع قضاة المحكمة الدستورية الاتحادية عن حظر ارتداء غطاء الرأس الذي ترتديه المعلمة في قاعة الدرس دون توفر قواعد قانونية حرفية ، معتبراً القرار محبطاً ومفتقراً للشجاعة المطلوبة.

وتوقع تيرزه أن لا يؤدي القرار المذكور إلى انفتاح أفضل للديانة الإسلامية على الآخرين، بل أن يكون مشجعاً لما يسميه "**القوى الرجعية والمحافظة في الوسط الإسلامي**". أما حزب الخضر فاعتبر القرار متميزاً

---

[7] ألمانيا: محكمة الدستور تجيز لمعلمة مسلمة ارتداء الحجاب – جريدة الشرق الأوسط اللندنية – 25 – 9 – 2003

بالحكمة، لأنه يقرر أن الحقوق الدينية تسري على جميع أتباع الديانات بغض النظر عن التقاليد الدينية السارية، وهو في تقدير الخضر قرار مناسب لأنه أوضح بما لا يدع مجالاً للشك أن من المتعين البدء بحوار حول الموضوع داخل صفوف المجتمع، إذ ليس بالوسع رفض غطاء الرأس لمجرد أنه غريب على تقاليدنا، في الوقت الذي نرى قرباً حضارياً يربطنا بالأخوات المسيحيات مع ارتدائهن الملابس الرسمية الشبيهة، بمعنى ازدواجية المعايير.

وكما هو مـتُوقَّع، دفع هذا النقاش قضية دور الدين في الحياة العامة، كما أنه أظهر الفرق بينها وبين فرنسا في طبيعة موقفها من الدين، فهي خلافاً لفرنسا ليست دولة علمانية وتقيم علاقات ملتبسة مـع الكنائس المسيحية . وقد كتبت صحيفة "فرانكفورتر الجماينه تسايتونغ" المحافظة: **"يبدو أن الكثيرين لا يدركون أن الحياد الديني للدولة الذي ينص عليه القانون الأساسي الألماني لا يعادل مفهوم العلمانية في فرنسا .. .. والدستور الألماني مليء بالأفكار اليهودية المسيحية وكذلك الإغريقية الرومانية"**. ويضمن القانون الأساسي (الدستور) الذي اعتمد في 1949 **"معاملة كل الديانات على قدم المساواة"**.

وهـذا القـانون الأسـاسـي يؤكـد في مقدمتـه أنـه حـرِّر "**إدراكـاً لمسؤولية الشعب الألمـاني أمـام الله والبشـر**". ويعود إدخـال القوانين المدنية في الدولة الألمانية إلى جمهورية فايمار التي يؤكد دستورها الذي اعتمد في 1919 أن "**ليست هناك كنيسة للدولة**".

وبعد الحرب العالمية الثانية ، أدرجت جمهورية ألمانيا الاتحادية هذه المادة في قانونها الأساسي، متخلية بذلك عن فصل يبدو أوضح في فرنسا بموجب الاتفاق في شأن فصل الدين عن الدولة الموقع في 1905. وكانت السلطات الألمانية تأمل حينذاك في أن تساهم الكنيسة في رفع معنويات الشعب بعد الحقبة النازية. وفي الواقع، تتسم العلاقة بين الدولة والكنائس المسيحية بالالتباس، فمثلاً "**ضريبة الكنيسة**" التي تجبيها الدولة من المسيحيين الذين يمارسون شعائر ديانتهم ويقدر عددهم بنحو 55 مليون شخص، موزعين بين كاثوليك وبروتستانت، وأداء القسم باسم الله في وظائف رسمية أمر شائع، وكان الاشتراكي الديموقراطي غيرهارد شرويدر، المستشار الوحيد الذي لم يقسم بهذه الطريقة. ومع ذلك، لا تقتصر الإشارة إلى القيم المسيحية على الحزب الديموقراطي المسيحي، فقد أدرج الحزب الاشتراكي الديموقراطي في برنامج مؤتمره الأخير قداساً في الكنيسة.

وهذا الالتباس واضح أيضا في المدارس، حيث يسُمَح للراهبات بالتدريس في ملابسهن الدينية ويسمح بوضع الصلبان في الصفوف، بينما دروس الدين الاختيارية يجب ان تكون مدرجة في البرنامج. وحسب فرانكفورتر ألجماينه تسايتونغ فإن: "**الالتباس بين الكنيسة والدولة يبرر عدم معاملة كل الديانات على قدم المساواة**"، موضحة من جهة أخرى أن "**الحجاب قبل كل شيء مؤشر سياسي، يشهد على خضوع المرأة وأنه لذلك يتناقض مع القانون الأساسي**".

وهاتان الحجتان يؤمن بهما عدد كبير من الشخصيات من كل الاتجاهات السياسية التي تدافع بقوة – ودون أن تكون بالضرورة مؤيدة لمنع الحجاب – عن "**الإرث المسيحي**". وقد ذكر المستشار الألماني السابق جيرهارد شرويدر أن ألمانيا "**ليست علمانية بل تطبق القوانين المدنية**"، وهي مشبعة بـ "**مفاهيم اليهودية المسيحية**"، معبراً عن تأييده لمنع الموظفات من ارتداء الحجاب خصوصا المدرسات. وقال رئيس مجلس النواب الاشتراكي الديموقراطي وولفجانج تيرزه إن " **الحياد حيال الديانة من واجب الدولة مبدئياً**، لكنه رأى أن "**الصليب ليس رمزاً للقمع خلافاً للحجاب للمسلمات**".

وعــارض رئــيس الدولــة يوهــانيس راو (وهــو أيضــا اشــتراكي ديموقراطي) كل هذه الحجج وأثار غضب الكنيسة والمحافظين بتأكيده أن منع الحجاب يجب أن يرافقه منع الرموز الدينية الأخرى ، وبينما تقف الجالية المسلمة التي تضم 2،3 مليون شخص غائبة تماما عن الجدل، كتبت مجلة "**دير شبيغل**": إن "**الألمان يجب أن يطبقوا النموذج المعقول جداً المتبع في فرنسا وتركيا**".[8]

---

[8] جريدة الرأي العام الكويتية – 6 – 1 – 2004

## من ألمانيا إلى فرنسا

في فرنسا كان التناقض أكثر حدة، لأنه كشف عن المكون الإلحادي في الصيغة العلمانية الفرنسية، وبدا من موقف الكنائس الفرنسية الرافض لحظر الحجاب أن الموقف الفرنسي هو من التدين قبل أن يكون من الإسلام كدين، فقد حثت كنائس مسيحية في فرنسا على عدم فرض حظر على الحجاب باعتبار أن إخفاق فرنسا في دمج مواطنيها المسلمين يعد مشكلة أكثر خطورة، كما انتقدت الرسالة تصاعد نغمة مناهضة التدين خلال الجدل المتعلق بالحجاب، وهو ما عبر عنه مرة أخرى رئيس مجلس أساقفة فرنسا المونسنيور جان بيار ريكار إذ من أن يؤدي الخوف

"حيال أنواع معينة من التعابير الإسلامية أو الفئوية إلى ريبة حيال كل أشكال التعابير الدينية".

وقالت الكنائس الكاثوليكية والبروتستانتية والارثوذكسية في رسالة موجهة لشيراك إن فرض قانون ضد ارتداء الحجاب لن يحل نزاعا محتدماً حول ما إذا كان ارتداء رموز دينية ينتهك قوانين فرنسا الصارمة للفصل بين الكنيسة والدولة. والفشل في تحقيق اندماج أفضل لخمسة ملايين من مسلمي فرنسا في الدولة البالغ تعداد سكانها 60 مليوناً يمكن أن يدفع البعض للجوء للعنف.

وقالت الكنائس الفرنسية في الرسالة: "إيماننا الراسخ هو أن إصدار قوانين ليس السبيل لحل هذه المشاكل بإيجابية"، منتقدة "مسارعة السياسيين للجوء لخيار فرض حظر مما يمكن أن يعزز من مشاعر المسلمين بأنهم مرفوضون من المجتمع .. .. والقضية الحقيقية في النقاش الدائر هي بالفعل النجاح في الاندماج . الجماعات التي تستجيب أكثر لمطالب إسلامية تعيش في.

(الجيتوات) التي سمحنا لها أن تنمو في أحياء حول مدننا الكبيرة".[9] وهنا تظهر ربما للمرة الأولى إحدى الأدبيات الكلاسيكية لمعاداة اليهود لتستخدم لوصف مسلمي فرنسا.

وقد أظهرت نتائج استطلاع للرأي أُجري قل سن القانون أن 57 بالمئة ممن استطلعت آراؤهم يرغبون في حظر أشكال الرموز الدينية كافة في المدارس والمؤسسات العامة، ولكن 41 بالمئة يعارضون فرض حظر. وتنقسم الجالية اليهودية في فرنسا حول مسألة فرض الحظر حيث يعارضه الحاخام الأكبر جوزيف سيتروك ولكن روجر كوكرمان الذي يرأس المجلس الذي يضم المنظمات اليهودية في فرنسا يسانده.

[9] تقرير لوكالة رويترز للأنباء – موقع وكالة الأنباء السويسرية ( سويس إنفو )
– 8 – 12 – 2003 ، و فرنسا : الكنيسة تؤيد الحجاب دفاعاً عن الحريات الدينية
– آرليت خوري – جريدة الحياة اللندنية – 11 / 11 / 2003

## الحجاب ومبادئ العلمانية

في مقارنة تظهر الفرق الجوهري بين العلمانيتين الفرنسية والألمانية قال وزير الداخلية نيكول ساركوزي في حوار لمجلة لونوفيل أوبزرفاتور (17/ 10 /2003): "أريد أن أقول لمسلمي فرنسا وأنا الذي حرصت على ضمان كل حقوقهم أن يحترموا مبادئ العلمانية في فرنسا؛ فلا للحجاب في المدارس عندما يكون مظهر تفاخر، ولا للحجاب أمام شبابيك الإدارات العمومية". وقال ساركوزي: "إن الفتيات اللاتي ولدن في فرنسا يرتدين الحجاب لسببين: أولهما أنهن لا يشعرن بالأمن في بعض الأحياء إذا لم يكُنّ متحجبات، وهنا يكمن تقصير الدولة.

والأمر الثاني هو النظرة التي ينظر بها غير المسلمين إلى هؤلاء الفتيات، وهذا الأمر يتعلق بإثبات الهوية؛ فيلجأن إلى ارتداء الحجاب". وقال مسئول فرنسي آخر: "إننا نحترم مدرسة الأمة التي ترفض علامات التمييز الديني والعرقي والطائفي. وعلى من لا يحب الجمهورية الفرنسية الانتقال للعيش في بلد آخر".!

من ناحية أخرى قال النائب في حزب "الاتحاد من أجل الحركة الشعبية" آلان مادلين الذي عارض القانون وصوّت ضده، وهو وزير ونائب أوروبي سابق، إن جوهر معارضته للقانون مرده إلى كونه غير مجدٍ وينطوي على تهديد باستهداف المسلمين من جهة وبتعزيز الأطراف الأكثر تشدداً من جهة أخرى. ورأى أنه بدلاً من إصدار قانون يحظر الحجاب في المدارس كان من الحكمة التشاور مع ممثلي مسلمي فرنسا حول تدابير تتيح للتلامذة المسلمات التوفيق بين التزاماتهن الدينية ومتطلبات العيش المشترك في ظل العلمانية.

وشكك مادلين في ما يقال عن أن القانون هدفه حماية القيم الجمهورية، لأنها برأيه ليست عرضة للتهديد، فهناك مجابهة قائمة والمهم هو ألا تتحول إلى حرب دينية بين العلمانيين المتشددين والمسلمين المتشددين.

ومن هذا المنطلق يعتبر أن وجود حوالي 1500 تلميذة محجبة في المدارس الفرنسية ليست قضية تستوجب تعبئة الجمهورية وأنه بدلاً من إنشاء لجنة حول العلمانية كان ينبغي إنشاء لجنة حول الإسلام والجمهورية. فالقانون الذي أقِرَّ سيحل ربما مشكلة الحجاب في المدرسة، لكن المسألة في الجوهر تتجاوز عملياً نطاق المدرسة، إن فرنسا غير قادرة حتى الآن على تقبل التعددية التي باتت جزءاً لا يتجزأ من مجتمعها، وإن لديها خطباً مطولة عن الاندماج، لكن الممارسة أدت إلى بروز "**غيتوات**".

وهذا الإدراك لدور الصيغة العلمانية الفرنسية في صنع المشكلة يشير إلى البنية الأكثر عمقاً لأزمة الحجاب بوصفها "**إعادة إنتاج للمسألة اليهودية**" التي كانت هي الأخرى نتيجة من نتائج سيادة الفكر العلماني القومي في صورته الأكثر تشدداً، قبل أن تخفف الليبرالية غلوائه بالتدريج. وتعد الصيغة العلمانية الفرنسية الأكثر تمثيلاً في الغرب للموقف العلماني الكلاسيكي في معاداته للدين. وحسبنا هنا أن نشير إلى بعض الأبعاد الملازمة للعلمانية الفرنسية التي لم تكن محايدة إزاء شؤون الدين والمجتمع المدني عامة، لأنها كانت من طبيعة جذرية مقاتلة، وذات وجهة معادية للكنيسة الكاثوليكية خاصة وللدين عامة، فقد كان من أول

القرارات التي اتخذها رجال الثورة الفرنسية إلحاق الكنيسة بالدولة وتأميم ممتلكاتها، وتحويل رجالاتها إلى موظفين رسميين يتقاضون رواتب معلومة ضمن المهمات الموكولة إليهم رسمياً، بما لا يختلف كثيراً عن أي موظف في أجهزة الدولة. حتى حينما اضطر نابليون بونابرت إلى إبرام معاهدة وفاقية مع البابوية في روما (معاهدة 1801) واعترف بموجبها بكون الكاثوليكية ديناً لغالبية الفرنسيين، فقد كان ذلك مشروطاً بجعل الكنيسة في خدمة الدولة وأجندتها الخاصة.

وقد لحِق ذلك شيوع مناخات الرعب ومحاولة اقتلاع الكنيسة من منابتها و"**تطهير**" المجتمع الفرنسي عامة من المظهر المسيحي والمؤثرات المسيحية، واتسع ذلك أكثر مع عودة البوربون وتحويل ما سمي وقتها بـ "**الإرهاب الأبيض**" إلى إرهاب قانوني مؤسسي تقوم على إنفاذه مؤسسات الدولة الرسمية. وقد اقترنت العلمانية الفرنسية بقدر غير قليل من التسلط السياسي والجذرية الجامحة.[10]

---

[10] **العلمانية الفرنسية مشكلة وليست حلاً - مقال - رفيق عبد السلام (باحث في جامعة وستمنستر - لندن) - جريدة الحياة اللندنية - 24 - 9 - 2003.**

وتتأسس العلمانيـة الفرنسية على وطأة ثقيلـة وواسـعة النطـاق للدولة، وتقوم هذه النزعة التدخلية الواسعة على دعامتين نظريتين:

أولاً:

اعتبار الدولة العلمانية ضمانة الوحدة والنظام الاجتماعيين، بحكم قدرتها "**الخارقة**" على تجاوز الانقسامات الاجتماعية والقيمية التي تنخر الجسم السياسي، ومن ثم قدرتها على التعبير على المصلحة العامة والمجردة، وتتأسس هذه الفكرة بدورها على تقليد مبكر من تقاليد "**فلسفة الأنوار**" يشدد على شفافية السياسي، وقدرته على "**بلورة**" الإرادة الكلية. فقد اعتبر جـان جـاك روسـو الدولة الإطار المعبر والمجسد للإرادة الكليـة للمواطنين، وهي إرادة ناظمة ومتعالية في الوقت نفسه عن مجموع المصالح الفردية والجزئية، كما أعاد الفيلسوف الألماني هيغل استلهام هذه الفكرة في مرحلة لاحقة في القرن التاسع عشر من خلال تشديده على فكرة الدولة الكلية المجردة والجامعة والفضائل السياسية والأخلاقية، والقادرة في الوقت نفسه على ضمان وحدة المجتمع المدني المنقسم على نفسه في المصالح والمعايير الأخلاقية.

ثانياً:

الدولـة عنـد العلمـانيين الفرنسـيين ليسـت مجـرد أداة لإدارة الشـأن العـام بـل هـي "**صـوت الأمـة**"، وموضـع حلـول العدالـة الكاملـة والخـير الأعظم، ما يعطيها مشروعية التدخل لفرض قيمها وتصوراتها المفترض فيها أن تكـون القـيم العامـة والكليـة للمجتمـع. هـذا مـا يفسـر فشـل رجـالات الثورة الفرنسية في ما نجح فيه أقرانهم من رجالات الثورة الأمريكية. فبينما عمـل الفرنسـيون علـى وضـع السـلطة – وضـمن ذلـك في تعبيرهـا الأكثـر كثافـة الدولـة - وضـعها فـوق المجتمـع، واعتبارهـا الضـامن الأكـبر لقيمـة الحرية، فإن الأمريكيين حافظوا على درجة عالية من التحفز والتحوط من غائلـة السـلطة، ومـن ثم عملـوا علـى وضـع أكثـر مـا يمكـن مـن الحـواجز والكوابح أمامها، مع السعي إلى تحويل مركز الثقل من الدولة إلى الوحدات الصـغرى للمجتمـع المـدني، مسـتفيدين مـن فكـرة مونتسـكيو في توزيـع السلطات والحد من تمددها أكثر من أقرانهم الفرنسيين.[11]

---

[11] **العلمانية الفرنسية مشكلة وليست حلاً – مقال – رفيق عبد السلام – جريدة الحياة اللندنية – 24 – 9 – 2003 .**

## الثقافة الدهرية

تراهن العلمانية الفرنسية على إخلاء المجال العام من سيطرة الدين وملئه بالقيم الثقافية "**الدهرية**"، وتعد المدرسة والمؤسسات التعليمية عامة من أهم اذرعها في إشاعة هذه الثقافة. فالمدرسة عند العلمانيين الفرنسيين ليست مجرد فضاء للتعلم أو لصقل مواهب الطفل وتهذيب حسه المدني، بقدر ما هي الحقل المثالي لإعادة صنع طبيعة ثانية لدى الطفل تقتلعه من المحيط الاجتماعي والأسري، إذ يراهن العلمانيون على تغيير بنية المجتمع من خلال أدوات المدرسة، ولذلك تتوجس العلمانية الفرنسية من كل مظاهر التعبير الديني سواء في شكله المؤسسي أو حتى الفردي.

هذا ما يفسر المعركة الشرسة التي أثارها حدث بسيط – ربما لا يثير مجرد التساؤل في الولايات المتحدة الأمريكية وبريطانيا وبعض البلاد الأوروبية الأخرى – وهو إصرار بعض الفتيات المسلمات على ارتداء الحجاب داخل مدارسهن، فقد نظُرِ إلى هذه الظاهرة باعتبارها تهديداً لقيم العلمانية برمتها، الأمر الذي يستوجب تدخل الدولة بكل ثقلها، وهي ظاهرة ما زالت تشق المؤسسة السياسية والفكرية الفرنسية إلى يومنا هذا، وما زالت تثير معارك ساخنة لا يهدأ لهيبها بعد.

فالعلمانية الفرنسية لا تكتفي بتحرير السياسي من سيطرة الكنيسة بل تراهن على مقارعة الدين عامة وطرده من الفضاء العام لتحل محله "**القيم العلمانية الصلبة**"، وهنا تـحَلُّ المدرسة محل الكنيسة في إعادة صوغ الوعي الفردي والجماعي. فقد كتب فردينان بويسون في معرض دفاعه عن مشروعية المدرسة العلمانية بديلاً عن المدرسة الكنسية زمن الجمهورية الثالثة سنة 1912 ما يلي: "**إن للكنيسة معقوليتها الخاصة ، ومن ثم ليس أمام المرء إلا أن يكون معها أو ضدها، كما أن المدرسة العلمانية هي الأخرى ليست شيئاً بلا اسم أو شخوص محددة،**

**وبالتالي على المرء أن يختار بين المدرسة العقلانية أو المدرسة الإكليروسية لأنه لا توجد منطقة وسطى بينهما".** [12]

والثقافة السياسية الفرنسية على نحو ما تشَكّلت في مبدأ العلمانية ومرادفها الجمهورية قامت على نزوعات جذرية مدمرة لا تعرف معاني التوسط والوفاق ويبرز ذلك جلياً من خلال صعود اليعاقبة وتحويلهم الساحة السياسية والثقافية الفرنسية الى ساحة حرب مفتوحة في إطار ما سمي وقتها سنوات الرعب أو ما سماه روبسبيير "**إرهاب الحرية**"، وحال الرعب هنا لا تعني مجرد حقبة من حقب الثورة الفرنسية –خصوصاً تلك التي تمتد بين مجازر ايلول (سبتمبر) 1792 حتى سقوط روبسبيير في تموز (يوليو) 1794 – بقدر ما هي نمط كامل في إدارة الحكم وفي تصور السياسي لازم الثورة، أي نمط الحكم الذي يستدعي القوة والحسم الجذري باسم ادعاءات حداثوية وتنويرية. وفعلاً كانت مخاوف الفيلسوف الإنكليزي المحافظ ادموند بورك في محلها حينما كتب في وقت مبكر وقبل أن يكتمل مشهد الثورة على صورته النهائية (سنة 1790)قائلاً إنه:

---

[12] **المصدر السابق**

**"يتوقع للفرنسيين رحلة طويلة وشاقة في عالم الفوضى وحلكة الظلمة".** [13]

ويجب التنبيه هنا إلى أن العلمانية الفرنسية تعتبر حالاً خاصة وفريدة من نوعها حتى مقارنة بالتاريخ السياسي الأوروبي والأمريكي، خصوصية تستمد ملامحها العامة من سياقات التجربة الفرنسية ذاتها، فلا ننسى هنا أن هذا الدور المركزي الموكول للدولة الجمهورية ليس إلا استمراراً وتكثيفاً لدور هذه الدولة في صنع الأمة خلافاً لكثير من البلدان الأوروبية الأخرى التي كانت فيها الدولة استجابة لاحقة لتشكل الأمة، إلى حد القول بأن تاريخ فرنسا الحديث هو بدرجة أولى تاريخ الدولة الصاهرة الصانعة للأمة القومية. فكل ما فعلته الثورة الفرنسية كان تعميق هذه الأبعاد التسلطية المختزنة في التاريخ السياسي الفرنسي، ففرنسا مثلاً حاولت أن ترأب التصدعات التي خلفتها الحروب الدينية للقرن السادس عشر عبر إقامة ملكية مطلقة ومركزية غير مسبوقة، في حين أن الإنكليز حاولوا تجاوز مخلفات الحروب الدينية، وثورتي 1640 و1688 عبر توسيع سلطة البرلمان والمؤسسات الوسيطة، مع تخفيف وطأة الملكية، ففي

---

[13] **المصدر السابق**

الوقت الذي ألغى فيه لويس الرابع عشر اتفاقية نانت سنة 1685 (الاتفاقية التي تم بموجبها الاعتراف بحقوق البروتستانت) صادق البرلمان الإنكليزي وبعد أربع سنوات فقط على مرسوم التسامح الديني. وقد يقول البعض إن ما فعلته الثورة الفرنسية هو الضريبة الضرورية لدخول عالم الحداثة السياسية لكن مما يسفه هذه الدعوى قدرة شعوب أخرى كثيرة في العالم الغربي نفسه على نهج مغاير وأكثر هدوءاً وتوازناً، وتقدِّم التجربة الأميركية مثالاً على ذلك في هذا الصدد، من جهة المكانة المهمة التي يشغلها الدين في الحياة الخاصة، والروح العامة للمجتمع، أو من جهة مستوى التسامح مع الأقليات الدينية والعرقية.[14]

والثابت في كل ذلك أن التجربة الفرنسية التي كانت نتاج ثورة صاخبة وإرث كنسي كاثوليكي ثقيل تمثل الاستثناء لا القاعدة. بل إن النموذج العلماني الفرنسي ولد مأزوماً ومتوتراً منذ البداية بسبب الوهم الذي لازم هذه الثورة، وهو وهم البداية الجذرية والعام الصفر بحيث يخيل لأصحاب الثورات أن بمقدورهم تغيير وجه العالم وإعادة بناء طبيعة إنسانية جديدة، وأنهم خلف بلا سلف وأبناء بلا آباء، ويبدو أن الكاتبة الألمانية

---

(14) **المصدر السابق**

حنة ارندت كانت محقة حينما بينت في معرض مقارناتها بين الثورات الحديثة أن سر نجاح الثورة الأمريكية في إقامة حياة مدنية مستقرة وهادئة خلافاً للثورة الفرنسية إنما يعود إلى تخلص الآباء المؤسسين للثورة الأميركية من فكرة القطيعة الجذرية والبداية من صفر، فقد تـصَوَّر هؤلاء مهمتهم عبارة عن استئناف وإحياء لروما القديمة وأثينا اليونانية الأمر الذي مكّنهم من الإفادة من الخزان التاريخي وتجنب أخطاء ومطبات سابقيهم، وكذلك إقامة علاقة متوازنة بالمخزون الديني المسيحي، في حين أن أقرانهم الفرنسيين أرادوا شن حرب لا هوادة فيها على ما سموه: "**مملكة الظلام**" فحولوا السياسة تبعاً لذلك إلى ساحة حرب واستقطاب بين الخيارات القاطعة والجذرية. إن جذور الانحراف الإرهابي الذي لازم الثورة الفرنسية يكمن في تصور رجالاتها للزمن ولحركة التاريخ الذي تتموضع فيه حادثة الثورة ولعالم السياسة عامة فقد نظروا إلى الثورة باعتبارها تمزقاً مطلقاً في نسيج الزمن، كما راهنوا على إقامة نظام اجتماعي من الصفر على أنقاض النظام القديم، وهكذا حولوا السياسة من مجال ادارة الممكن إلى حقل

تجريبي خيالي للتطلعات والأحلام من خلال تقاطع نزعة بنائية وإرادية لا علاقة لها بالواقع وممكناته.[15]

ويواجه النموذج العلماني التدخلي ضربين من الضغط الفكري متأتيين من التقليد الأنغلوسكسوني الذي بدأ يلقي بثقله على الكثير من رجال الفكر والساسة الفرنسيين:

**أولاً:**

من جهة التيار الليبرالي الذي يشدد على حيادية الدولة في مجال الثقافة معتبراً اياه مجرد حكم لا حق له في التدخل في مجال القيم وأنماط حياة الأفراد والجماعات، وقد لعب الجل الجديد من الليبراليين دوراً حيوياً في تجريد الدولة من ادعاءاتها الشمولية. الأول من خلال التمييز بين حقلي الخير والعدل، فالدولة عندهم تقوم على نشر العدل ولا تدخل في المعايير الأخلاقية والجمالية (الخير – الشر والحسن – القبيح)، والثاني من خلال تبني نظرية الحد الأدنى من الدولة، وإعطاء أوسع الصلاحيات الممكنة للمجتمع المدني. أما التيار الثاني فهو ما يسمى المدرسة الجماعتية Communitarianism التي تدافع عن حماية الخصوصيات الثقافية

---

[15] **المصدر السابق**

للمجموعات الثقافية والعرقية التي ينصهر داخلها الفرد، مع العمل على كفِّ يد الدولة عن فرض نمطية ثقافية موحدة. وقد تزامن هذا الضغط الفكري مع ضغط واقعي متأت من التعدد الثقافي والديني الذي فرض نفسه على فرنسا بعد الحرب العالمية الثانية، بسبب حركة الهجرة التي جلبت معها تعدداً في أنماط العيش ومسالك التفكير والاعتقاد، ولعل هذا ما حدا ببعض المفكرين الفرنسيين أمثال جون بوبيرو للدعوة إلى صوغ ما سمّاه بعقد علماني جديد، ما يجعل الدولة أقل تدخلية وأكثر حيادية في مجال الخيارات الثقافية والأخلاقية.[16]

## من الحياد إلى الإلحاد

وقد كان حصاد الثقافة الدهرية التي فرضتها الدولة الفرنسية على المجتمع الانتقال من الحياد إلى الإلحاد وهو درس مهم يتجاوز في أهميته ملف الحجاب، وحس الإحصاءات فإنه في العام 1966 أعلن 89 في المئة من الفرنسيين انتماءهم إلى أحد الأديان فيما أكد 10 في المئة انهم لا يعتنقون أي دين ، وبعد 32عاماً صارت النسب المئوية على التوالي

[16] **المصدر السابق بتصرف يسير**

55 و45 في المئة. ويشكل الذين لا دين لهم أكثرية واضحة في المجتمع الفرنسي لدى من هم دون الخمسين من العمر لتبلغ نسبتهم 63 في المئة داخل الفئة العمرية 42 . 81 سنة. في المختصر ونظراً إلى التطور الطارئ منذ 1998يمكن الاعتبار أن هناك للمرة الأولى منذ قرون عدداً متساوياً – إن لم يكن أكثرية – من الفرنسيين خارج الديانات وداخلها.[17]

وإلى جانب الموقف الإلحادي الواضح ظهرت ألوان طيف أخرى في المجتمع الفرنسي تعبر عن الرغبة في تشييد معمار ديني لكل شخص أو فئة بما يناسب الرغبة الشخصية، كحلٍ وسط بين الإيمان والإلحاد الصريح. فحسب دراسة أجريت عام 1999 وجد أن من لادين لهم يعتنقون معتقدات دينية على النحو التالي:

**23 في المئة ممن لا دين لهم يؤمنون بالله**

**26 في المئة منهم يؤمنون بالحياة بعد الموت**

**12 في المئة يؤمنون بالجنة**

**7 في المئة يؤمنون بجهنم**

---

[17] **نصف الفرنسيين لا ينتمون إلى أي كنيسة** : من هم هؤلاء الذين لا دين لهم ؟ – **دومينيك فيدال – لوموند ديبلوماتيك – سبتمبر 2001**

15 في المئة يؤمنون بالخطيئة

23 في المئة يؤمنون بالتجسد

كما أن لهم مواقف متباينة من الطقوس على النحو التالي:

33 في المئة منهم تبدو لهم الاحتفالات الدينية المرتبطة بالولادة على جانب من الأهمية.

39 في المئة تبدو لهم الاحتفالات الدينية المرتبطة بالزواج على جانب من الأهمية .

46 في المئة تبدو لهم الاحتفالات الدينية المرتبطة بالوفاة على جانب من الأهمية .

أما المعتقدات الموازية ذات الطبيعة البدائية (الفأل الحسن – قارئات الحظ – القادرون على شفاء الأمراض أو علم الأبراج) فرغم أن 49 في المئة يرفضونها، بحسب دراسة 1998، فإن 33 في المئة مترددون و18 في المئة يؤمنون بها. [18]

---

[18] نصف الفرنسيين لا ينتمون إلى أي كنيسة : من هم هؤلاء الذين لا دين لهم ؟ – دومينيك فيدال – لوموند ديبلواتيك – سبتمبر 2001

وقبل نهاية العام 2004 نشرت وول ستريت جورنال نتائج أول استطلاع عالمي للإيمان والإلحاد، ورغم أن الاستطلاع كشف عن حقائق شديدة الأهمية لفهم الدور المتنامي الذي يلعبه الدين في الساسة الدولية إلا أن مجرد إجرائه يظل تحولاً تاريخياً جديراً بالتوقف عنده، فمنذ الثورة الفرنسية والقسم الأكبر من النخب السياسية والثقافية في العالم يعتبر الفصل بين الدين والسياسة حقيقة من الحقائق المستقرة التي لم تعد تقبل الجدل.

وسجل استطلاع فرنسي نشره الموقع الإخباري لقناة الجزيرة على الانترنت (الجزيرة نت – 2004/4/12) أُجري في 2004 تزامناً مع عيد الفصح حول المعتقدات الدينية تراجعاً ملحوظاً في نسبة المؤمنين بالله والحياة الأبدية. وأشار الاستطلاع الذي أجراه معهد "إيفوب" الفرنسي لاستطلاعات الرأي إلى أن نسبة 55 في المئة من الفرنسيين يؤمنون بالله، متراجعة عن نسبة 66 في المئة سجلت عام 1947.

وردا على سؤال "**هل تؤمن أنت شخصيا بالله؟**" أجاب 55 في المئة ممن شملهم الاستطلاع بالإيجاب، في حين أجاب 44 في المئة بكلا، ولم يدل 1% برأي. وأجري الاستطلاع بواسطة الهاتف وشمل عينة من

1003 أشخاص تمثل الشعب الفرنسي فوق الخامسة عشرة (مع اعتماد نظام الحصص). وقال 55 في المئة ممن شاركوا في الاستطلاع إن الشخصية الدينية التي يؤمنون بها هي السيد المسيح عليه السلام، مقابل 7 في المئة يؤمنون ببوذا، و3 في المئة يؤمنون بمارتن لوثر وبالنبيين محمد وموسى عليهما السلام. ولم يذكر عدد كبير ممن شملهم الاستطلاع 27 في المئة "أيا من هذه الأسماء".

وكشف الاستطلاع أيضا أن 96 في المئة من الفرنسيين يؤمنون بالحب، وبالسعادة بنسبة 92 في المئة و75 في المئة بالسلام، و68 في المئة يؤمنون بالمال، مقابل 28 في المئة يؤمنون باليوم الآخر، و34 في المئة قالوا إنهم يؤمنون بالمعجزات.

وتختلف هذه النتائج وفقاً لديانة الشخص الذي شمله الاستطلاع، كاثوليكياً كان أم مسلماً، فيؤمن 47 في المئة من الكاثوليك بالجنة والجحيم مقابل 92 في المئة من المسلمين. وإذا كان 58 في المئة من الفرنسيين يؤمنون بالحياة الأبدية عام 1948، فلم يعد يؤمن بها سوى 46 في المئة منهم في أبريل 1980 و29 في المئة الآن.

## "أوروبا الكافرة"

"أوربا الكافرة" وصف قاس أطلقه اليمين الدين الأمريكي على حـال الـدين في الواقع السياسي والثقـافي الأوروبي، وهو وصف يلخص المسافة الفاصلة — التي ما زالت تتسع باطراد — بين نموذجين سياسيين بدا لعقود طويلة أنهما متماثلان. الاستطلاع الذي نشرت الجريدة نتائجه في طبعتها الأوروبية أجرته مؤسسة "جي. أف. كا." وترافق نشره مع عيد الميلاد وسبق افتتاح مفاوضات انضمام تركيا للاتحاد الأوروبي. وقد أجري الاسـتطلاع في 21 دولـة في أوروبـا الغربيـة والشـرقية — عـدا فرنسـا — بالإضافة إلى تركيا وروسيا والولايات المتحدة وهو الأول من نوعه.

ومن بين النتائج التي كشف عنها أن 25 في المئة من مواطني أوروبا الغربية يعلنون أنهم لا يؤمنون بالله، ويصفون أنفسهم بأنهم "**ملحدون**"، وهي النسبة الأعلى في العالم مقارنة مع:

**15 % من الملحدين في روسيا.**

**12 % في أوروبا الشرقية.**

**8 % في الولايات المتحدة.**

**1 % في تركيا.**

وتأتي الجمهورية التشيكية في طليعة البلدان الملحدة 49 في المئة، لتذُكِّرنا بتحذير رئيسها السابق المفكر المعروف فاكسلاف هافل من أن: "**الحضارة الأوروبية هي أول حضارة في التاريخ الإنساني تقوم على الإلحاد**". وتأتي بعد تشيكيا هولندا 41 في المئة، ثم الدانمارك 37 في المئة، ثم بلجيكا 36 في المئة، ثم السويد 30 في المئة.

ونتوقف عند ألمانيا التي يشير الاستطلاع إلى أن نسبة الملحدين بين سكانها تبلغ 37 في المئة، فرغم أن هذا الاستطلاع الشامل العابر لحدود الدولة هو الأول من نوعه فإن ظاهرة الإلحاد شغلت المجتمع الألماني

قبل سنوات، وتشير إحصاءات سابقة أجريت في تسعينات القرن الماضي إلى أن 47 في المئة من الألمان يعتبرون أنفسهم لا دينيين، و9 في المئة يعتبرون أنفسهم ملحدين. وترتفع النسبة في ألمانيا الشرقية إلى 18 في المئة. ومن الواضح أن درجة من التداخل بين حدود المصطلحين تؤدي لتناقض ظاهر، وإن بقيت العبرة الواضحة أن حالة من قلة الاكتراث بالدين متفشية وتظهر في أشكال متفاوتة، ويتم التعبير عنها بمصطلحات متقاربة. والأكثر مدعاة للدهشة في هذه الإحصاءات أن من يعتبرون أنفسهم مؤمنين يذهب 9 في المئة منهم فقط قداس الأحد، كما أن 31 في المئة ممن اعتبروا أنفسهم بروتستنت لا يؤمنون بالإله الذي تدعو الكنيسة للإيمان به، بل يؤمنون بـ **"قوة عليا"**!

وفي مقال عنوانه **"وداع الله"** عن الوضع الديني في ألمانيا نشرته دير شبيجل (15 يونيو 1992) وصفت ألمانيا بأنها تحولت إلى **"بلد كافر"**!

في المقابل تأتي في طليعة المجتمعات **"المؤمنة"** الدول التي يختلط فيها الدين بهويتها القومية، ففي التشكيل الحضاري الأرثوذكسي توجد النسبة الأعلى في رومانيا حيث يعتبر 96 في المئة من السكان أنفسهم مؤمنين، ثم اليونان وتبلغ النسبة فيها 92 في المئة. أما في التشكيل

الحضاري الكاثوليكي فتبلغ نسبة من يعتبرون أنفسهم مؤمنين 90 في المئة في بولونيا و86 في المئة في إيطاليا. أما في تركيا فإن 95 في المئة من الأتراك يعتبرون أنفسهم مسلمين بينهم 72 في المئة يمارسون الشعائر، وعلى خلفية مفاوضات انضمامها للاتحاد الأوروبي فإن مقارنة هذا الرقم بالمتوسط العام في أوروبا يشير إلى فارق ضخم. فنسبة من يعتبرون أنفسهم مؤمنين في القارة يبلغ 68 في المئة مقابل 80 في المئة في أوروبا الشرقية.

أما من يمارسون الطقوس فتبلغ نسبتهم 24 في المئة مقابل 37 في المئة في أوروبا الشرقية. وتبلغ نسبة المؤمنين في روسيا 65 في المئة بينما من يمارسون الشعائر لا تتجاوز نسبتهم 4 في المئة.

وفي منتصف المسافة بين النقيضين الأوروبي والتركي تأتي الولايات المتحدة الأمريكية، حيث تبلغ نسبة من يعتبرون أنفسهم مؤمنين 75 في المئة، وتبلغ نسبة من يمارسون الشعائر 43 في المئة، وحسب الاستطلاع المشار إليه فإن 86 في المئة من الأمريكيين يعتقدون في الآخرة والله.

وبطبيعة الحال تحتاج هذه الأرقام إلى إخضاعها لعملية تحليلية لقراءة دلالاتها المختلفة ولاستكشاف الكيفية والآليات التي يتطور بها الموقف من الدين في التشكيلات الحضارية المختلفة والثقافات المختلفة

وكذلك درجة الاهتمام بالممارسة الدينية في مختلف المجتمعات، فمن المؤكد أن عوامل عديدة كالثقافة والانتماء المذهبي والبنية السياسية للدولة و... ... تتدخل في تحديد مثل هذه المواقف.

## المسلمون وأوروبا والفاتيكان

المحامي المصري الشهير محفوظ عزام مخزن أسرار كلما أتيحت لي فرصة للحوار معه خرجت منها بالكثير، وفضلاً عن قرابته معايشته لعبد الرحمن باشا عزام أشهر أمناء جامعة الدول العربية، فإنه "**خال**" الدكتور أيمن الظواهري الرجل الثاني في تنظيم القاعدة، و... ...ومن القصص التي رواها لي في حوار معه أنه كان هناك مكتب في جماعة الإخوان اسمه مكتب الاتصال بالعالم الخارجي، وفي عام 1953 جاء أحد أعضائه إلى محفوظ عزام وقال له نريدك أن تكتب لنا مذكرة قانونية دولية في شأن النزاع بين إريتريا والحبشة، وكان الأمر قد عرض على الأمم المتحدة، وبعدها قابله محمد إبراهيم كامل في مكتب ممدوح عطية — وكلاهما أصبح وزيرا فيما بعد — وقال له ممدوح عطية: "**ايه اللى انت كاتبه ده؟ فيه حاجة اسمها ربنا في عصر ستالين؟!**".

انتهت رواية محفوظ عزام وبقي أن نقارن بين مد كان يتصف بالقوة الشديدة خلال القرنين التاسع عشر والعشرين لدور الأيديولوجيات والقوميات على حساب دور الأديان والمذاهب، والقصة سالفة الذكر مجرد نموذج لما كان يحتل واجهة المشهد حتى أن معرفة التكوين الديني والمذهبي للمجتمعات كان مقصورا في حالات كثيرة على المتخصصين باعتبار أنه موضوع "**جانبي**". بل إن بعض المثقفين صدمه أن يعرف — عند انهيار الاتحاد السوفيتي — أن بعض الدول التي حصلت بسقوطه على استقلالها جمهوريات مسلمة.

الآن يحدث شيء مختلف ويعود الدين بقوة للعلاقات الدولية وتتشكل خطوط مواجهة جديدة لا حول المناطق الأغنى بالموارد الطبيعية ولا الأكثر أهمية من الناحية الاستراتيجية بل حول نقاط التماس بين الجماعات الدينية والمذهبية، فمثلا، الحدود بين مسلمي البلقان ومسيحييه لا تقل سخونة عن "**الستار الحديدي**" خلال حقبة الباردة.. وهكذا

وما أكدته الأزمات المتعاقبة بسبب الرسوم المسيئة وتصريحات بابا الفاتيكان عن الإسلام، وما تلا ذلك من أعمال فنية تسئ للإسلام، تكشف عن أن علاقة ثلاثية جديدة بدأت تشهد هزات عنيفة أطرافها:

المسلمون والأوروبيون والفاتيكان. وإذا كان الفاتيكان قد انتقد الفيلم المسيء للإسلام فإن موقفه يعبر عن رفض حقيقي للتيارات العلمانية المتشددة في أوروبا ليس فقط لأنها تهدد بتفجير العلاقة بين الفاتيكان والعالم الإسلامي وهو أمر لا تريده الفاتيكان أبداً، ولأسباب عديدة. بل لأن الأوروبيين لا يشكلون عبئا على علاقة الفاتيكان مع المسلمين، وحسب بل تسببوا في أمريكا اللاتينية في خسارة تاريخية للفاتيكان، صحيح أن الدور السلبي الذي هؤلاء مختلف عن دورهم في العلاقة مع المسلمين لكن مصدر المشكلة واحد.

ففي كولومبيا، التي يعرف شعبها بإيمانه وتدينه المتأصلين، تفقد الكنسية الكاثوليكية أتباعها باستمرار بينما تكتظ فيه الكنائس الإنجيلية وينسب الخبراء ذلك لأسباب اجتماعية. فتقول عالمة الاجتماع آنا مرثيديث بيريرا: "**في الظروف العسيرة، كالحروب أو الأزمات الاقتصادية، عادة يبحث الناس عن شيء ما أعظم منهم، شيء يوفر لهم الإحساس بالأمن، وهذا هو الدين**". واتفاقاً معها، انتقد القس افرايين الدانا الكنيسة الكاثوليكية التي ينتمي إليها قائلا: إن "**شعب كولومبيا يبحث الآن عن دين يحل لهم مشكلة الفقر،... ...دين**

**قريب من الناس**". وأضاف رجل الدين الكاثوليكي المعني بأحوال الأهالي المهمشين إن "**هذه المسألة تشغل بال الكثيرين من الأساقفة الكاثوليك إذ يشهدون زيادة عدد الكنائس البروتستاتينية، لا سيما في القطاعات الشعبية.. ..رغم ذلك، لم تتأقلم الكنيسة الكاثوليكية على الحقبة التاريخية التي تعيشها البشرية، مما سهل من عملية نزوح المؤمنين نحو جماعات أخرى**"، ولأسباب سياسية واجتماعية متباينة، بدأ المؤمنون الكاثوليكيون الذين يمثلون 90 في المئة من الشعب في التراجع لصالح المبشرين الإنجيليين.

ويشير الخبراء التي التغييرات المتوالية التي أتاحت التعليم والمعرفة وعمل المرأة وتحديد النسل وانتشار وسال الإعلام ترتب عنها زيادة العلمانية بين الأهالي. ومن الأحداث الهامة في مسيرة الكنيسة، تبلور "**لاهوت التحرير**" في أمريكا اللاتينية في بداية الستينات، وهي دعوة توجهت للفقراء وقوبلت بحماس كبير من رجال الدين والعلمانيين الكاثوليك على السواء، فرأوا فيها إمكانية إحداث تغييرات اجتماعية وتنمية جماعية وحياة أفضل للأهالي المعوزين. وكان من أبرز صورها،

التحاق القس كاملو توري ريستريبو لرجال العصابات اليساريين في جيش التحرير الوطني، وموته بعد ذلك بقليل أثناء القتال في 1966.

وتأكّد هذا التوجه بعد المؤتمر الأسقفي العام الثاني لأمريكا اللاتينية (1968) وكان شعاره "**للتعرف على الله، لابد من التعرف على الإنسان**". وهذا المؤثر العلماني اليساري كان الدور الأوروبي السلبي الذي ضاعف أزمة الكاثوليكية في منطقة كانت تنظر إلى أوروبا دائما بوصفها "**القبلة الثقافية**" التي يجب التوجه إليها، فلم يكن التأثير الأوروبي داعماً للكاثوليكية بل كان عبئا عليها!

وقد سبق أن تعرضت لجوانب من أزمة الكاثوليكية في أمريكا اللاتينية في مقال: "**بنديكتوس وأزمة الكاثوليكية في العالم**" الذي نشرته "**البيان**" الإماراتية مواكباً لزيارة البابا لها (2/ 6/ 2007)، ومن الإحصاءات التي نشرت مواكبة للزيارة أن أمريكا اللاتينية التي تضم نحو نصف كاثوليك العالم أي (415 مليوناً)، تواجه هجرة الكاثوليك إلى الكنائس البروتستنتية وخلال عشرة أعوام فقط انتقل الكاثوليك من 74 في المئة إلى 64 في المئة من السكان. وقضية "**النزيف**" الذي تعانيه الكنيسة الكاثوليكية ليس قاصرة على أمريكا اللاتينية، وفي أمريكا واجهت

الكنيسة الكاثوليكية محنة صعبة قبل سنوات، فهذه المؤسسة الضخمة التي يتبعها 65 مليون أمريكي وتعد أكبر منظمة غير حكومية بأمريكا، وربما أكبر مساهم في ميزانية الفاتيكان، واجهت قبل سنوات احتمال الإفلاس بسبب أحكام بالتعويض في فضيحة جنسية انفجرت قبل أعوام عندما كشف عن أن نحو 300 من القساوسة الكاثوليك الأمريكيين يواجهون اتهامات بالتحرش الجنسي بالأطفال بعضها استمر قرابة عشرين عاماً!

ولكن المتغير الإحصائي الذي يوصف بأنه "**تاريخي**" هو ما نشر في طبعة 2008 للدليل السنوي الفاتيكاني عن أن عدد المسلمين يتجاوز عدد الكاثوليك في العالم حيث أصبح المسلمون 19،2 في المئة في العالم يتجاوز عدد الكاثوليك 17،4 في المئة حسب صحيفة أوسرفاتوري رومانو (30-3 – 2008).

القضية طبعاً ليست قضية العدد وحسب لكنه معيار مهم من معايير صياغة المستقبل، فالمرعوبون من جاليات إسلامية صغيرة وجمهورية صغيرة في أقصى شرق القارة الأوروبية من المؤكد أن الإحصاءات ستزيدهم فزعاً، وكلما فزعوا أعادوا إنتاج الأعمال الفكرية الفنية المسيئة للإسلام، وعندئذ يجد الفاتيكان نفسه مضطراً لأن يدفع ثمن سياسات أوروبية لم

يشـارك في صـنعها لكـن غبارهـا يصـيب صـورة الفاتيكـان.. ..وهكـذا
دواليك.

## المسلمون واليهود في سلة واحدة

لم تكن جريمة قتل الصيدلانية المصرية مروة الشربيني بألمانيا أول
مشكلة في ملف الجالية المسلمة بألمانيا، بل إن قليلين من يعرفون أن
**"مشكلة الحجاب"** في فرنسا سبقتها مشكلة مماثلة في ألمانيا أثارها
حجاب معلمة من أصل أفغاني (فيريشتا لودين) خاضت لسنوات معركة
قضائية في ألمانيا لتحصل على حكم قضائي بحقها في ارتداء الحجاب.
وعقب صدور قانون الحجاب بفرنسا انقسمت الجالية اليهودية في فرنسا
إلى قسمين حول مسألة فرض الحظر، حيث عارضه الحاخام الأكبر

جوزيف سيتروك، بينما أيده رئيس مجلس المنظمات اليهودية في فرنسا رويجه كوكرمان.

وعندما انفجرت قنبلة مقتل الصيدلانية المصرية لم يهتم كثيرون برصد موقفٍ تضامنيٍّ له دلالاته صدر عن الأمين العام للمجلس المركزي لليهود في ألمانيا شتيفان كرامر إذ قال إن جريمة قتل مروة الشربيني جاءت نتيجة تحريض نشر روح الحقد والكراهية ضد المسلمين في ألمانيا بدءا من أطراف المجتمع المتطرفة حتى وسطه.

وينبع موقف شتيفان يواخيم كرامر من حقيقة أن الدولة الألمانية المركزية حتى العهد النازي مارست اضطهاداً ضد اليهود جعلهم يقدرون المخاطر التي تنطوي عليها سيادة الصورة النمطية المشوهة عن المسلمين في ألمانيا، وفيما يشبه القاعدة العامة التي يفترض أن تحكم العلاقة بين الدولة الأقليات الدينية والعرقية والإثنية، يؤكد كرامر أن "**مَن يعتدي على إنسان بسبب تبعيته العرقية أو القومية أو الدينية فإنه لا يعتدي فقط على أقلية ولكن عل المجتمع الديمقراطي ككل**".

وقد قام كرامر بزيارة زوج القتيلة الذي يُعالج بمستشفى مدينة دريسدن بصحبة الأمين العام للمجلس الأعلى للمسلمين بألمانيا لتأكيد

أنه لا يعتبر هذه الزيارة تعبيراً عن تضامنا مع الضحايا فقط، بل أيضاً مع جميع المسلمين في ألمانيا. وقد أحدثت الزيارة صدىً غير متُوقـَّع، بل اعتبرها مراقبون أهم من الجريمة العنصرية نفسها، والبعض تحدث بلهجة ساخرة عن "**تحالف الأقليات**" التي برهنت أخيرا على قدرتها على التعلّم والتصرف سوياً!

كرامر من جانبه اعتبر المشهد الذي لفت نظر المراقبين فرصة ملائمة لتوجيه سهام نقد لاذعة للثقافة الألمانية، معتبراً أن المجتمع الألماني لم يدرك أبعاد الجريمة فهي نتيجة نشر روح الحقد والكراهية ضد المسلمين بدءا من أطراف المجتمع المتطرفة حتى وسطه. وروح الحقد والكراهية هذه نابعة من تحريض التيارات اليمينية المتطرفة، التي تسعى منذ سنين إلى خلق مناخ يعزل ذوي الديانات الأخرى والأجانب وأتباع الأقليات وتخويف الناس منهم. وبصفة عامة، يفتقر المجتمع الألماني إلى إدراك أن ضعف مكافحة العنصرية يهدد بتشجيع القيام بـ "**أعمال إرهابية**"، وهو وصف يتسم استخدامه بجرأة شديدة في هذا السياق!.

والحل لا يجوز أن يقتصر على إلزام الأقليات بقائمة واجبات بل يجب على ألمانيا أن تراجع نفسها وتستخلص العبر من هذه الحادثة. ولا

يعني هذا فقط عزل المحرضين ومعاقبتهم، بل أيضا توعية المواطنين الألمان وتعريفهم بالشعوب المسلمة وبثقافتهم وديانتهم وعاداتهم وتقاليدهم، على أن يكون الهدف من ذلك ليس التسامح فقط ولكن الاحترام!

ولم يفت كرامر أن يستدعي تعبيراً طالما تسبب في مشكلات ضخمة ليهود ألمانيا: "**الاندماج**" فأكد أن "**الاندماج لا يعني الانسلاخ.... وحين يسود الاحترام المتبادل لن يشكل الاختلاف عقبة أمام التعايش السلمي في المجتمع الألماني**".

## ميزلمان!!

من الكتب التي أرى أنها تتصف بقيمة استثنائية في موضوعها كتاب مترجم عن الألمانية عنوانه: "**الإسلام العدو بين الحقيقة والوهم**" (مجموعة مؤلفين – تحرير: يوخين هيبلر وأندريا لويج)، فكثيراً ما أعود إليه، وبخاصة خلال السنوات الكئيبة التي أعقبت أحداث الحادي عشر من سبتمبر. ومن بين العبارات المهمة التي علقت بذهني من آخر قراءة للكتاب ملاحظة للمثقف الفلسطيني المعروف الدكتور عزمي بشارة يقول فيها: "**ويلاحظ أيضا أن جزءاً كبيرا من إصدارات الحركة الإسلامية**

تكن لإسرائيل خليطاً من الكراهية والإعجاب"، وهذا التداخل الذي رصده عزمي بشارة بين الكراهية والإعجاب في ملاحظة عابرة تتناوله دراسات ضخمة خلال العقود الماضية، حيث الكراهية والإعجاب لاعبان أساسيان في العلاقات الدولية، في صياغة التحالفات والعداوات على السواء. لكن الاهتمام بهذا الأمر بعد زوال النظام الثنائي القطبية يتصاعد بشدة، فأوجه التشابه بين الجماعات والثقافات والحضارات والشعوب من الموضوعات التي تؤثر في العلاقات وكذلك أوجه الاختلاف، وبالتالي فإن الأمر يتجاوز حدود ما هو سياسي، فله زاوية نظر أخرى مهمة معرفياً.

القضية أثيرت مرتين خلال أيام معدودة، مرة في هولندا وأخرى في فلسطين المحتلة، ففي البرلمان الهولندي وقفت برلمانية تطالب بإلغاء الذبح وفق الشريعتين الإسلامية واليهودية وفي مذكرة رسمية قالت ماريان ثييم، رئيسة حزب الدفاع عن حقوق الحيوانات، العضو في البرلمان الهولندي، إن هذا المطلب ليس انتقاداً للديانتين فالذبح تبعاً للقواعد الدينية شيء "غير إنساني" ويؤدي إلى انزعاج "غير ضروري"، والعبرة هنا ليست الإساءة التي ينطوي عليها كلام النائبة، فالسنوات القليلة الماضية شهدت من الإساءات للإسلام ما لا مزيد عليه في أوروبا، بل العبرة في وضع المسلمين

واليهود في سلة واحدة فرغم أن الأمر يبدو مدهشاً لكثيرين إلا أن له في الحقيقة خلفيات تاريخية.

فكلاهما كان في الوجدان الأوروبي لقرون **"عدواً".** ففي حقبة العصور الوسطى كان اليهود يعتبرون أعداء المسيحية الأول، وخلال الحروب الصليبية كانت جيوش الصليبيين حيثما مرت تبيد جماعتين: المسلمين واليهود. وبعد زوال الدول الدينية من أوروبا أصبح اليهود عدوا لمعظم التشكيلات القومية الكبرى في أوروبا، أما العداء للإسلام فقد لا يحتاج لمن يؤرخه.

وقد روى المفكر المعروف الدكتور عبد الوهاب المسيري في كتابه: **"الصهيونية النازية ونهاية التاريخ"** (1997)، أنه أثناء كتابة موسوعته **"اليهود واليهودية والصهيونية"** لاحظ وجود كلمة **"مسلم"** في مقال عن التدرج الاجتماعي في معسكر أوشفتس. وبالرجوع لعدة مراجع غربية تبين أن ضحايا الهولوكوست ــ اليهود وغير اليهود ــ كانوا يسمون **"ميزلمان أي مسلم بالألمانية"،** وقد ورد في **"الموسوعة اليهودية"** ما يلي: **"ميزلمان" أي مسلم بالألمانية وهي إحدى المفردات الدارجة في معسكرات الاعتقال وكانت تستخدم للإشارة للمساجين وهم على**

حافة الموت، أي عندما تظهر عليهم الأعراض النهائية للجوع والمرض وعدم الاكتراث العقلي والوهن الجسدي".

ويعلق المسيري على ذلك بأن العقل الغربي حينما كان يدمر ضحاياه كان يرى فيهم الآخر وهو منذ الحروب الصليبية **"المسلم".** وما يلفت النظر هنا في موقف النائبة هو استهداف **"الشريعة"** في الإسلام واليهودية والذبح هنا لا يختلف عن الحجاب أو الطلاق أو تعدد الزوجات أو غيرها من القضايا التي يثيرها وجود شريعة في الديانتين، ولهذا فإنها تستدعي للذاكرة الأوروبية معارك عصر التنوير الأوروبي. بل إن الربط بين الإسلام واليهودية بوصفهما مشكلتين من مشكلات **"اندماج"** المسلمين واليهود في المجتمعات الأوروبية العلمانية كانت واضحة جداً أثناء مناقشة مشكلة الحجاب في عدة دول أوروبية واتخذت مرجعيات دينية يهودية موقفاً متعاطفاً مع المسلمين، كما أن قانون الرموز الدينية الفرنسي حظر ارتداء القلنسوة اليهودية كما حظر ارتداء الحجاب.

المرة الثانية التي تم فيها وضع المسلمين واليهود في سلة واحدة كانت في البرلمان الإسرائيلي حيث أقر مبدئيا مشروع قانون يقضي بتقييد تصفح مواقع الانترنت الإباحية ومواقع العنف والقمار، وكان حزب شاس

اليهودي المتدين المبادر لهذا الاقتراح، من جهته، وافق النائب الشيخ عباس زكور (القائمة العربية الموحدة والعربية للتغيير) على مشروع القانون الذي أيده وصّوت لصالحه، مؤكدا أن للحرية أهمية وقيمة عظيمة بشرط ألا تمس كرامة الإنسان والشرائع السماوية.

والأهم في النقاش حول الموقف من القانون أن البعض اتخذ موافقته على مشروع قدمه حزب يهودي متطرف فكان رد الشيخ عباس زكور أنه **"مؤمن بالطرح الإسلامي، وليست الفكرة أن من طرح الموضوع هو عربي أم يهودي، ولكن المهم الإيمان بالموضوع نفسه ولا يعقل أبدا أن أعارض هذه الفكرة لأن الإيمان بالفكرة والمبدأ وليس من يطرح الموضوع!"**

وما انتبه إليه الشيخ لم ينتبه إلى كثيرون في قضايا أخرى، فمثلاً، ظل المعارضون في عدد من الدول العربية يطالبون الأنظمة الحاكمة بالديموقراطية فلما دعمت الولايات المتحدة الأمريكية المطلب نفسه استداروا وتحولوا إلى معارضين للتحول الديموقراطي وأصبحت الفكرة تخضع للتقيين بناء على مصدرها لا بناء على درجة موضوعيتها، والأمر نفسه ينطبق على معاناة مسلمي البلقان، فطالما تمنى المسلمون أن يكون هناك

تحرك دولي لإنصافهم بعد معاناة طويلة من القمع الصربي فلما جاء هذا الإنصاف على يد الولايات المتحدة الأمريكية رفضوه، مرة عندما قادت دول حلف الأطلسي لتوجيه ضربة عسكرية عام 1999 ومرة عندما دعمت استقلال كوسوفا مؤخراً.

ومرة ثالثة كان المسلمون واليهود في سلة واحدة عندما هددت الحكومة الإسرائيلية بارتكاب **"هولوكوست"** ضد الفلسطينيين في غزة، فضحايا الهولوكوست السابقون استخدمه مبررا لارتكاب الجريمة نفسها عدة مرات ضد الفلسطينيين، وهنا ينبغي أن نؤكد أن الحقائق التي يكشف عنها التحليل المعرفي **"البارد"** لا يجوز أن تصرف أبصارنا عن الحقائق الدامية للواقع السياسي **"الملتهب"** في أرض فلسطين التي جمعت اليهود والمسلمين في سلة واحدة ليخوضوا واحداً من أكثر الصراعات دموية في العصر الحديث، وهو الصراع الذي دفع كل طرف منهما ليؤكد بكل ما أوتي من قوة أنه لا يشبه **"الآخر"** ولا يكن له إلا الكراهية الخالية من أي إعجاب. وقد كانا على امتداد حقب تاريخية طويلة إما في حالة تعايش كما هو الشأن في معظم فترات التاريخ الإسلامي أو ضحيتين لاضطهاد

عدو واحد، أما الآن فهم في سلة واحدة، لكنهما فيها خصمان في صراع

مرير.

## ممدوح الشيخ.. ..سيرة ذاتية

الاسم : ممدوح محمود محمد الشيخ علي

الشهرة : ممدوح الشيخ

تاريخ الميلاد : **14 / 8 / 1967**

الجنسية : مصري

** عضو اتحاد كتَّاب مصر.

** كاتب مقال رأي بالدوريات الآتية:

جريدة المستقبل (اللبنانية).

جريدة عمان (العمانية).

جريدة الدستور (المصرية).

مجلة الصوت الأخر (العراق).

جريدة فلسطين (فلسطين المحتلة).

جريدة الوطن (مصر).

أولاً: ترجمات في معاجم وموسوعات

\*\* ترجمـة فـي الطبعـة الأولـى مـن: "معجـم البـابطين للشـعراء العـرب المعاصرين". (مؤسسة البابطين – الكويت).

\*\* ترجمة في الطبعة الأولى من: "معجم أدباء مصر" (الهيئة العامة لقصور الثقافة – مصر).

\*\* ترجمـة فـي الطبعـة الأولـى مـن: "الموسـوعة الكبـرى للشـعراء العـرب المعاصرين: **1956 – 2006**" – إعداد وتقديم: فاطمة بوهراكة – المغرب – **2009** – برعاية الشيخة أسماء بنت صقر القاسمي.

\*\* ترجمة في الطبعة الأولى من: "معجم الأدباء: من العصر الجاهلي حتى سنة **2002**" – كامل سليمان الجبوري – دار الكتب العلمية – بيروت – الطبعة الأولى – **2002** – **1424** هـجرية.

## دراسات في الظاهرة الدينية

\*\* المسـلمون ومؤامرات الإبـادة – مكتبـة مـدبولي الصغير – مصـر – **1994**.

\*\* الإسلاميون والعلمانيون من الحوار إلى الحرب

الطبعة الأولى – دار البيارق – الأردن – **1999**.

الطبعـة الثانيـة – مؤسسـة حمـادة للدراسـات الجامعيـة والنشـر والتوزيع – الأردن.

\*\* البابا شنودة والقدس: الحقيقي والمعلن      خلود للنشر – مصر – **2000**.

\*\* الشعراوي والكنيسة: ماذا قال الأنبا للشيخ؟

(طبعة إليكترونية – e-kutub.com - **2002** – لندن).

(طبعة إليكترونية – e-kotob.com - **2011**).

** الجماعات الإسلامية المصرية المتشددة في آتون **11** سبتمبر: مفارقات النشأة ومجازفات التحول – مكتبة مدبولي – مصر – **2005**.

** الإسلام في مرمى نيران العلمانية الفرنسية: ما وراء الحرب الأوروبية على الحجاب والنقاب – مكتبة بيروت – مصر/ سلطنة عمان – **2010**.

** طارق البشري: القاضي.. المؤرخ.. المفكر.. وداعية الإصلاح – سلسلة أعلام الفكر والإصلاح في العالم الإسلامي – مركز الحضارة لتنمية الفكر الإسلامي – لبنان – الطبعة الأولى **2011**.

** عبد الوهاب المسيري: من المادية إلى الإنسانية الإسلامية – سلسلة أعلام الفكر والإصلاح في العالم الإسلامي – رقم **7** – مركز الحضارة لتنمية الفكر الإسلامي – لبنان – الطبعة الأولى **2008**.

** مراجعات الإسلاميين (الجزء الأول) – تأليف بالاشتراك – مرز المسبار للدراسات والبحوث – الإمارات – سلسلة كتاب المسبار الشهري – العدد السادس والثلاثون – ديسمبر **2009**.

** السلفيون من الظل إلى قلب المشهد – دار أخبار اليوم – مصر – **2012**.

## مؤلفات إبداعية منشورة

** نقوش على قبور الشهداء (ديوان شعر).

مركز يافا للدراسات والأبحاث – مصر.

الطبعة الأولى 1996.

الطبعة الثانية 2003.

طبعة إليكترونية على nasihri.net – 2004.

طبعة إليكترونية على diwanalarab.com – 2004.

**\*\* عاصمة للبيع (مسرحية).**

دائرة الثقافة والإعلام بإمارة الشارقة – دولة الإمارات – 2000.

**\*\* الحلم المسروق (ديوان شعر بالعامية).**

مركز يافا للدراسات والأبحاث – مصر – 2003.

**\*\* الندى والموت (ديوان شعر).**

مركز يافا للدراسات والأبحاث – مصر – 2003.

طبعة إليكترونية على diwanalarab.com – 2004.

طبعة إليكترونية على nashri.net – 2004.

**\*\* القاهرة.. بيروت.. باريس (رواية)**

الدار العربية للعلوم – بيروت – 2006.

**\*\* أهي القدس؟** – ديوان شعر – مكتبة بيروت – سلطنة عمان – 2009.

**\*\* الممر –** رواية – مكتبة بيروت – سلطنة عمان – 2009.

**مؤلفات أخرى منشورة**

**\*\* أشهر الأحلام في التاريخ** مكتبة ابن سينا – مصر – **1993.**

\*\* <u>التنبؤات والأحلام من الخرافة إلى العلم</u> – دار التضامن – لبنان – **1996**.

\*\* <u>ثقافة قبول الآخر</u> – مكتبة الإيمان – مصر – مكتبة جزيرة الورد – مصر – **2007**.

\*\* <u>مدخل إلى عالم الظواهر الخارقة</u> – مكتبة بيروت – سلطنة عمان – شركة دلتا – مصر – **2007**.

\*\* <u>التجسس التكنولوجي: سرقة الأسرار الاقتصادية والتقنية (دراسة في المجتمع ما بعد الصناعي)</u> – مكتبة بيروت – سلطنة عمان – شركة دلتا – مصر – **2007**.

\*\* <u>ثقافة السلام</u> – دار ومكتبة الغد – مصر – **2009**.

<u>مؤلفات منشورة ورقياً بالعربية بالتعاون مع شركة createspace بالولايات المتحدة الأمريكية ومتاحة على Amazon.com:</u>

\*\* جمال البنا: تسويق التنوير بلغة الإثارة والإعلان

\*\* مقالات عن الهولوكوست (رؤية إسلامية)

\*\* عبد الوهاب المسيري: حياة وأفكار

\*\* عن التحالف المسيحي اليهودي

\*\* السيف العربي بين جماليات الفن وضرورات الحرب

\*\* الحرية والثقافة لجون ديوي (تحرير ومراجعة)

\*\* كتب قرأتها

** مختصر تاريخ التكنولوجيا العسكرية (وعلاقتها بالأمن القومي)

** الإنحلو فونية القادمة: الجذور والملامح

** التفكيكية: من الفلسفة إلى النقد الأدبي

** الديموغرافيا وصراع الهوية: مسلمو أوروبا نموذجاً

** حوار مع القيادي الإخواني الدكتور سيد عبد الستار المليجي

** حوار مع المستشار طارق البشري.

** هوية مصر الإسلامية: بحث عم الذات أم خوف من الآخر؟

** منافٍ لها تاريخ

** هيكل والإسلاميون

** مدخل إلى ثقافة قبول الآخر

** الإسلاميون والدولة الحديثة

** جبل الدهشة (رواية للفتيان)

** التصوف والفن من منظور فلسفة الدين

** الأفريقانية

** أحمد شوقي: حياته وشعره

** العلم والخرافة والسياسة: بين أوراق نيوتن ورسالة فاسكو دي جاما

** هكذا ساهم العلم في بناء إسرائيل

** لغة السيم (من جهود المعاصرين في دراسة اللغة السرية)

\*\* دراسات في دولة التنظيم السري (ملاحظات تمهيدية)

\*\* (دراسات في دولة التنظيم السري) تنظيم إرهابي سري اسمه الجمعية الفلسفية المصرية.

\*\* العلمانية أهل الإرهاب والاستبداد الحديث (مختارات مترجمة).

\*\* اللوبي الصهيوني: محاولة للفهم

مؤلفات منشورة ورقياً بالإنجليزية بالتعاون مع شركة createspace بالولايات المتحدة الأمريكية ومتاحة على Amazon.com ومتاحة على Kindle:

**\* Democracy Of Blood Weddings!**
**\* Muslims and the West: Every choice is a risk!**

تأليف بالاشتراك

\*\* مقاربات نقدية في شعر رمضان أبو غالية – (بالاشتراك مع الأساتذة: صبري عبد الرحمن، أحمد مرسال، سامح القدوسي) من إصدارات نادي الأدب ببيت ثقافة قويسنا – مصر – **2004**.

\*\* حرية التعبير بين القانون العادل والقاضي الظالم – منشور في: بحوث مؤتمر "الأدب وحدود حرية التعبير" – فرع ثقافة المنوفية – إقليم غرب ووسط الدلتا الثقافي – الهيئة العامة لقصور الثقافة – وزارة الثقافة – مصر – **2006**.

** إيران – مصر: مقاربات مستقبلية – (تأليف بالاشتراك) – تحرير: توفيق شومان – مركز الحضارة لتنمية الفكر الإسلامي – بيروت – سلسلة الدراسات الإيرانية/ العربية – رقم **1** – الطبعة الأولى – **2009**.

## أعمال حققها

** ديوان أمير الشعراء أحمد شوقي (الشوقيات) – تحقيق – مكتبة الإيمان – مصر – مكتبة جزيرة الورد – مصر – **2007**.

** ديوان الشاعر حافظ إبراهيم – (تحقيق) – مكتبة الإيمان – مصر – مكتبة جزيرة الورد – مصر – **2009**.

## أعمال أعدها للنشر أو حررها

اكتشف وأعاد نشر رواية: "اعترافات حافظ نجيب: مغامرات جريئة مدهشة وقعت في نصف قرن" للمغامر المصري حافظ نجيب، وهي الرواية التي اقتبس عنها المسلسل التلفزيوني المصري الشهير "فارس بلا جواد". وقد قدم لها وألحق بها دراسة عن حياة مؤلفها.

** اعترافات حافظ نجيب: مغامرات جريئة مدهشة وقعت في نصف قرن (إعداد للنشر).

الطبعة الأولى – **1996** – دار الحسام – لبنان – مصر.

الطبعة الثانية – دار الانتشار العربي – بيروت – **2003**.

** حرر (بالاشتراك) موسوعة "اليهود واليهودية والصهيونية" – **8** مجلدات – لمؤلفها المفكر العربي الإسلامي المرموق الدكتور عبد الوهاب المسيري – دار الشروق – مصر – **1998**.

** حرر (بالاشتراك) موسوعة "<u>اليهود واليهودية والصهيونية</u>" — لمؤلفها المفكر العربي الإسلامي المرموق الدكتور عبد الوهاب المسيري — نسخة ميسرة ومختصرة (مجلدان) — دار الشروق بمصر بالاشتراك مع مركز زايد للتنسيق والمتابعة بدولة الإمارات — **2004**.

** <u>القمة الأمريكية السعودية الأولى: القمة السرية بين الملك عبد العزيز ابن سعود والرئيس روزفلت (البحيرات المرة — 1945</u> — (تقديم وتحرير ودراسة) — بقلم: الكولونيل: وليم إيدي (أول وزير أمريكي مفوض بالسعودية) — ترجمة: حسن الجزار — مكتبة بيروت — سلطنة عمان — شركة دلتا — مصر — **2008**.

** <u>دع القلق وابدأ الحياة</u> — تأليف: ديل كارنيجي — إعداد وتقديم ودراسة — دار الحرم للتراث — مصر — **2009**.

** <u>كيف تكسب الأصدقاء وتؤثر في الناس</u> — تأليف: ديل كارنيجي — إعداد وتقديم ودراسة — دار الحرم للتراث — مصر — **2009**.

** <u>تربية المرأة والحجاب (ردا على قاسم أمين)</u> — تأليف: محمد طلعت حرب (باشا) — إعداد وتقديم ودراسة — دار الغد للنشر — مصر — **2009**.

## أعمال تحت الطبع

** **الهولوكوست النازي: خطأ الإنكار وخطيئة الاحتكار (رؤية إسلامية)** — مكتبة بيروت — سلطنة عمان — شركة دلتا — مصر.

** **الأقباط والدولة والغرب: من الصياد ومن الفريسة؟**

** **الرتاج** — رواية.

** الوصايا.

** الشعراوي والكنيسة: ماذا قال الأنبا للشيخ؟

أفلام تسجيلية:

* دولة المنظمة السرية – الفكرة والإعداد والمادة العلمية – إنتاج قناة الجزيرة – قطر – **2009**.

كتابات نقدية تناولت أعماله

** "ممدوح الشيخ وعماد أو صالح شعاعان من شمس شعر تشرق"، منشور في: "كتابة: رؤى وذات" – صافي ناز كاظم – الهيئة المصرية العامة للكتاب – مصر – 2003.

** "مقاربات نقدية في شعر ممدوح الشيخ" – تأليف الأساتذة: رمضان أبو غالية – صبري عبد الرحمن – أحمد مرسال – سامح القدوسي – إصدارات نادي الأدب ببيت ثقافة قويسنا – مصر – 2004.

** "المسرح الإقليمي بين حضور المضمون وغياب الشكل" – الدكتور أيمن الخشاب – دراسة منشورة في: "الأدب والأيديولوجيا" – أبحاث المؤتمر الأدبي السابع لإقليم غرب ووسط الدلتا الثقافي – إصدارات إقليم غرب ووسط الدلتا الثقافي – الهيئة العامة لقصور الثقافة – وزارة الثقافة – مصر – 2006.

** رسالة ماجستير عن مسرحيته عاصمة للبيع في جامعة جنت البلجيكية للمستشرقة البلجيكية ماريكي فان كرايسبليك – 2006. (قيد الترجمة)

دوريات نشرت دراساته ومقالاته وقصائده:

أولا: دوريات خارج العالم العربي:

(بريطانيا): جريدة الحياة – جريدة القدس العربي – مجلة الغد العربي – مجلة النور – جريدة المسلمون – مجلة مراصد – جريدة المستقلة – مجلة الكلمة.

(هولندا): جريدة الاتجاه الآخر.

(قبرص): جريدة الأيام العربية – مجلة الشاهد.

(مالطا): مجلة رسالة الجهاد.

(ألمانيا): مجلة الرائد – مجلة الدليل – مجلة الإسلام وفلسطين.

(أمريكا): مجلة القلم – مجلة الصراط المستقيم – مجلة الرشاد – جريدة الوطن.

(إيران): جريدة الوفاق.

ثانيا: دوريات داخل العالم العربي:

(الإمارات): جريدة البيان – مجلة تراث – مجلة منار الإسلام – مجلة المنتدى – مجلة شؤون اجتماعية.

(السعودية): جريدة العالم الإسلامي – جريدة البلاد – المجلة العربية – مجلة الفيصل – مجلة الحرس الوطني – مجلة كلية الملك خالد العسكرية – مجلة الآطام – مجلة أبعاد – جريدة الجزيرة – جريدة اليوم – مجلة البيان – مجلة العالم.

(الكويت): مجلة الوعي الإسلامي – المجلة الخيرية – جريدة الرأي العام – جريدة الفنون – مجلة قرطاس – مجلة التقدم العلمي – مجلة الفرقان.

(البحرين): مجلة الهداية.

(قطر): جريدة الشرق.

(العراق): مجلة الصوت الآخر – جريدة الاتحاد – جريدة اليومية – جريدة الصباح – جريدة البينة – جريدة المنارة – مجلة ألكسنزان الفصلية – مجلة الأسبوعية – جريدة الصباح – جريدة المدى.

(لبنان): جريدة المستقبل – جريدة البلد – مجلة الفكر الجديد – مجلة الوحدة الإسلامية – مجلة المحجة.

(فلسطين المحتلة): جريدة الاستقلال – جريدة فلسطين – جريدة الحياة الجديدة.

(الجزائر): جريدة الأيام.

(المغرب): جريدة التجديد.

(السودان): جريدة الصحافة.

(اليمن): جريدة الثورة.

(الأردن): جريدة الغد.

ثالثا: دوريات داخل مصر:

مجلات:

المختار الإسلامي – المنار الجديد – حوارات المستقبل – منبر الشرق – مراجعات – البداية.

جرائد:

الجمهورية – الشعب – الأسبوع – مصر – صوت الشعب – الأحرار –
العربي – القاهرة – المصري اليوم – نهضة مصر – الدستور – اللواء الإسلامي –
جريدة آفاق عربية – الرسالة الجديدة – الطريق – الوفد – الوطن.

*جوائز*

حاصل على جوائز عديدة عن إبداعه في الشعر والمسرح داخل مصر
وخارجها منها

** جائزة مؤسسة "اقرأ الخيرية" – مصر – المسابقة الثقافية للشباب لعام
1991 – المركز الثالث في مجال الشعر.

** جائزة مؤسسة "اقرأ الخيرية" – مصر – المسابقة الثقافية للشباب لعام
1992 – المركز الثاني في مجال المسرح عن نص ما زال مخطوطا.

** جائزة أفضل قصيدة (المركز الثاني) من "المجلس الأعلى للثقافة" –
مصر – 1999 – عن قصيدة "نقوش على قبر شهيدة".

** جائزة "الإبداع العربي" من: "دائرة الثقافة والإعلام بإمارة الشارقة"
بدولة الإمارات العربية المتحدة في مجال المسرح (المركز الثاني) عام 2000
– عن مسرحية "عاصمة للبيع".

** جائزة "أحمد فتحي عامر" في مجال الشعر (المركز الثاني) من "الهيئة
العامة لقصور الثقافة" – مصر – الدورة الأولى – 2003.

** جائزة "أحمد فتحي عامر" في مجال الرواية (المركز الثالث) من "الهيئة
العامة لقصور الثقافة" – مصر – الدورة الثانية – 2004 – عن رواية "القاهرة
– بيروت – باريس".

\*\* جائزة أفضل قصيدة (المركز الثاني) من "نادي جازان الأدبي" بالمملكة العربية السعودية في المسابقة الثقافية لعام **1423** هجرية – عن قصيدة "بقصائدي ويقيني".

## مساهمات أخرى

\*\* مقرر أمانة الدعوة والتثقيف بحزب العمل (**1993 – 1996**).

\*\* أحد مؤسسي حزب "الوسط المصري" (**1998**).

\*\* باحث في "المركز الدولي للدراسات" (**1998 – 2001**).

\*\* مشرف على تحرير الصفحة الدينية بجريدة الدستور – مصر (**2005 – 2008**).

\*\* شارك في المرحلة الأولى من تصفيات الدورة الثانية من تصفيات "أمير الشعراء" بقناة أبي ظبي (**2008**).

\*\* شارك في تأسيس "مركز المستقبل للدراسات والأبحاث" – مصر (المدير التنفيذي – سابقا).

\*\* عضو "المنظمة المصرية لحقوق الإنسان".

\*\* عضو "رابطة الأدب الإسلامي".

\*\* رئيس نادي الأدب ببيت ثقافة قويسنا (**2005 – 2007**)

\*\* عضو نادي الأدب المركزي بفرع ثقافة المنوفية (**2005 – 2007**).

\*\* عضو مؤتمر "أدباء مصر في الأقاليم".

** عضو الأمانة العامة لمؤتمر "أدباء مصر في الأقاليم" (**2006** **2007**).

** عضو أمانة مؤتمر إقليم وسط وغرب الدلتا الثقافي (**2007**).

** منسق "حركة حماية حقوق الناخب" (حماية).

** **قُدِمت ورقته الفكرية:** "ماذا أعطى الإسلام للبشرية" **في أول مؤتمرات** "اللجنة العالمية لنصرة خاتم الأنبياء صلى الله عليه وسلم" (**لندن – نوفمبر** **2002**).

** شارك في العديد من المؤتمرات العلمية والثقافية في: مصر، لبنان، ليبيا، الإمارات، والعراق.

** يشارك في إعداد برنامج تلفزيوني تاريخي باسم "الفهرس" يبث على قناة دريم الفضائية المصرية ويقدمه الإعلامي المعروف الأستاذ إبراهيم عيسى. (**2007**)

** أحد مراسلي الموقع الإليكتروني لقناة العربية على الإنترنت (العربية نت)

** عرضت فرقة "مسرح دبي الأهلي" الإماراتية مسرحية "مملكة للبيع" (إعداد وإخراج عبد الله صالح) المقتبسة عن مسرحيته "عاصمة للبيع" – دبي – يوليو **2009**.

** مدير مكتب قناة الاتجاه الإخبارية (**2011 – 2012**).

** شارك في عشرات البرامج التلفزيونية والإذاعية الثقافية والسياسية في مختلف القنوات الفضائية المصرية والعربية، وأهمها:

فرانس 24 – اقرأ – المنار – العالم – دريم – المحور – النهار – MBC – CBC – شبكة الأخبار العربية ANN – التنوير المصرية – الثقافية المصرية – النيل للأخبار المصرية – المجد – الحرة – نيو تي في – أوربيت – مودرن – عشتار – أبو ظبي – الدولية – الأسرة والطفل – الثالثة المصرية – **The National Broadcasting Network (nbn) – Arabic news broadcast (ANB) – ON TV** (مصر) – الخليجية – التواصل – الآرامية – فلسطين اليوم (لبنان) – الحكمة – اللورد – الحدث – آسيا – الكويت – الإخبارية السعودية – بلادي – التحرير.

إذاعة البرنامج العام – إذاعة البرنامج الثاني (مصر) – إذاعة النور – الإذاعة السعودية.

E-Mail: mmshikh@hotmail.com